¿QUÉ HAGO CON UN NIÑO CON DISCAPACIDAD?

apóyalo

Qué ayuda profesional requiere

D1524867

Cecilia Rosales Vega

PAX

Título de la obra: *¿Qué hago con un niño con discapacidad? Apóyalo. Qué ayuda profesional requiere*

COORDINACIÓN EDITORIAL: Gilda Moreno Manzur
DISEÑO EDITORIAL: Abigail Velasco
ILUSTRACIONES: Pilar Ramírez Ruíz
COLABORACIÓN: Marilú Cisneros Vargas
Portada: Víctor Gally y Pilar Ramírez Ruíz

Si deseas encontrar el lugar adecuado para atender a un niño con discapacidad, puedes ponerte en contacto con: discapacitarte@prodigy.net.mx

© 2016 Editorial Pax México, Librería Carlos Cesarman, S.A.
   Av. Cuauhtémoc 1430
   Col. Santa Cruz Atoyac
   México DF 03310
   Tel. 5605 7677
   Fax 5605 7600
   www.editorialpax.com

Primera edición
ISBN 978-607-9346-90-4
Reservados todos los derechos
Impreso en México / *Printed in Mexico*

Índice

Dedicatoria

*Para **Emiliano**, que siempre pregunta*

*Para **Elisa**, un sueño que no había soñado...*

Para Héctor,
mi esposo, compañero en la vida y papá
de Emiliano y Elisa, por lo que hemos
construido juntos para nosotros y nuestros hijos

Con agradecimiento a mis papás, los abuelos, los tíos y los primos de Elisa, así como para los médicos y terapeutas, quienes nos han apoyado para atenderla con su disposición, afecto y conocimientos.

Este libro no hubiera sido posible sin el interés y apoyo que nos han brindado muchos profesionales y amigos, entre ellos los doctores José Antonio Ayala, Honorio Santamaría, José García Montes, Jaime Andrade, Mercedes Barragán, Mario Bertrán, Miguel Ángel Jiménez Bello y Jean Pierre Gardent, los terapeutas Mercedes Pérez, Elizabeth Paz, Liliana Rivas y Eduardo Olvera.

También agradezco a las familias que facilitaron sus fotografías personales y sus anécdotas para realizar este libro, y en especial a Norma Acosta y su Fundación Amigos Caleidoscopio, A.C., que proporcionó su colección de fotografías para ilustrar algunos de los capítulos.

Con agradecimiento especial para mi amiga Ana Cecilia Terrazas, por haber tenido la idea de que se hicieran estos libros que han sido el inicio de una serie de trabajos relacionados con el tema de la discapacidad, así como a Gerardo Gally, quien se interesó en editar esta colección, por su confianza y paciencia durante todo el tiempo que tomó la realización de este trabajo.

A Tere Nava, mi amiga especial que me abrió los ojos para poder mirar la discapacidad desde otra perspectiva; a Pili Ramírez, quien me ha acompañado en la elaboración de las ilustraciones de este libro poniendo en imágenes lo que me imagino; a María Angélica Núñez, quien hace crecer mi trabajo en relación con la discapacidad; a Gilda Moreno y Abigail Velasco, por su cuidado y paciencia en su proceso de edición. Agradezco el tiempo, la amistad y el compromiso solidario de Marilú Cisneros para elaborar estos libros.

En memoria de Marcelo Pasternac, impulsor anónimo para tratar el tema de la discapacidad en México, quien sostuvo e impulsó la elaboración de estos libros.

Finalmente, quiero agradecer a los pequeños que fueron compañeros de Elisa durante sus terapias y hospitalizaciones, ya que cada uno de ellos me permitió aprender a través de sus historias.

Para Elisa

¿Quién eres tú?,
tan diferente y tan igual,
me provoca temor tu pequeño cuerpo
lleno de fuerza y debilidad.

Permíteme abrazarte y a la vez soltarte,
te llevo tan dentro de mí
en un lugar desconocido,
en un espacio que no existía
lleno de ternura después del dolor.

Un sueño que no había soñado,
un sueño suave y tranquilo
en medio de la turbulencia.

Me quedo sin palabras,
te hablo poco,
prefiero que digas tú.

Te escucho, siempre te escucho
aun en el silencio.

*Mayo de 2002 (escrito unos días después
de que nació Elisa)*

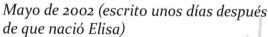

La llegada de Elisa

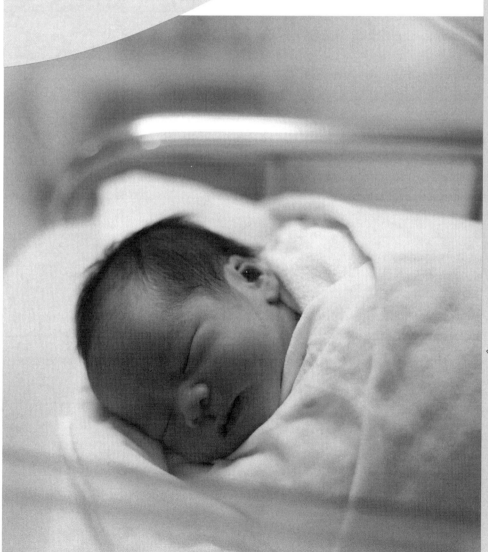

Elisa nació durante la primavera del año 2002, después de treinta y ocho semanas de embarazo, el mismo tiempo que duró el embarazo de Emiliano, mi primer hijo, quien tenía entonces casi cinco años. Fue un embarazo tranquilo y sin complicaciones.

Por fin llegó el día en que ella nació. Una cálida mañana del mes de mayo, al levantarme, me di cuenta que la niña estaba lista para venir al mundo. Llegamos rápidamente al hospital y el médico decidió hacer una cesárea.

Pocas tiempo después del nacimiento, tuve la impresión de que Elisa no lloró muy fuerte y recuerdo que la primera actitud que adoptaron los médicos al recibir a la niña, me pareció muy extraña. No hablaban mucho y se mostraban distantes e inquietos. Después de decirles varias veces mi esposo y yo que queríamos conocerla, solo nos permitieron verla un momento y casi en seguida se la llevaron.

Una enfermera insistió en que me durmiera y pasé unas horas de incertidumbre en el área de recuperación después de la cesárea que me practicaron. Desde esa sala del hospital, podía observar los autos que circulaban con rapidez por una avenida de la ciudad y a lo lejos escuchaba a las enfermeras que atendían otros pacientes. No me sentía tranquila, pero tampoco tenía motivos para suponer que algo no estaba bien.

Por fin me llevaron al cuarto de maternidad. Estaba inquieta y con muchos deseos de encontrarme con mi esposo, quien ya me esperaba. Él se acercó a mi cama, se mostró cariñoso conmigo y me dijo con cuidado: "Mira, parece que la niña tiene algunos problemas, dicen que puede ser síndrome de Down y una malformación en el corazón.

Tenemos que esperar a que le hagan otras pruebas y estudios para estar seguros de lo que sucede..."

Nunca había sentido algo así y no pude entender con claridad lo que escuchaba. El dolor era tan fuerte que no podía identificar en dónde se localizaba, pero sé que no se debía a las molestias de la cesárea, no estaba en el cuerpo. Nada me importaba, solo quería llorar y dormir.

Cuando despertaba sentía una tristeza muy profunda. En momentos pensaba que no podía estar ocurriendo lo que me habían dicho y tenía la idea de que todo había sido una pesadilla.

Sin embargo, en ese momento nada se podía hacer, teníamos que esperar. Esperar para ver a Elisa, que le hicieran estudios médicos, que nos dieran los resultados de estos, que los médicos dijeran qué tratamientos tenía que seguir, que la operaran del corazón pasados unos meses, que viviera...

Yo no quería esperar nada, siempre he sido muy impaciente y además, ¿cómo iba a poder vivir ese tiempo con tanta incertidumbre? Por momentos la tristeza se transformaba en angustia. A veces me invadía la sensación de que me estaba cayendo. Nunca me había sentido tan pequeña, era una experiencia parecida a encontrarse por debajo del suelo.

Al día siguiente me llevaron a ver a Elisa, quien estaba en el área de terapia intermedia de los cuneros. Tenía mucho miedo. El trayecto de mi habitación a ese lugar me pareció eterno.

Cuando llegué a su cuna, la niña me pareció enorme. Su cuerpo estaba inflamado por su problema del corazón y su cara enrojecida. Tenía colocados algunos instrumentos médicos y una pequeña sonda en la nariz que necesitaba para recibir oxígeno. Temía acercarme, tocarla, cargarla, abrazarla. ¿Qué iba a hacer con ella? ¿Cómo cuidar a una bebé en esas condiciones?...

Sonriente, una enfermera la cargó, la acercó con cuidado y la colocó en mis brazos. Ciertamente, no era muy parecida a lo que había imaginado, pero era ella, era Elisa. Así decía en la cinta de tela adhesiva que tenía en uno de sus tobillos.

En contraste con todo lo que ocurría a su alrededor, Elisa estaba muy tranquila. Era una bebé con la piel muy suave y con mucha fuerza en el cuerpo. Se acurrucaba con facilidad, abría poquito los ojos y se movía muy despacio.

Pero ¿qué era todo eso que decían que tenía?: síndrome de Down, síndrome del espejo, trisomía 21 regular o mosaico, cardiopatía, canal atrio ventricular abierto, persistencia del conducto arterioso...

"¿Me estará escuchando?, ¿podrá verme?, ¿le dolerá algo?, ¿me entenderá?, ¿qué estará sintiendo?, ¿va a poder comer?, ¿se va a quedar con nosotros?...", me preguntaba.

¡Otra vez había que esperar! ¿Por qué no podía pasar el tiempo rápido para conocer de una vez todas las respuestas? ¿Por qué no era posible retroceder el tiempo para asegurarnos de evitar vivir esta situación?

No había mucho que hacer, solo esperar, pero mientras se espera, se tiene que seguir viviendo. El tiempo no se detiene.

El ginecólogo que atendió el nacimiento de Elisa, quien es un médico al que conocemos desde hace tiempo, se acercó

para hablar conmigo con mucha calidez e intentó explicarme lo que sucedía con la niña. Pero yo no podía escucharlo, me sentía molesta porque de alguna manera pensaba que él podría haber evitado lo que ocurría y no quiso decírmelo.

Sin embargo, nadie supo que Elisa tenía una discapacidad hasta poco después de que nació. Pasado un tiempo, me fue posible platicar con él durante varias horas acerca del día en que la niña nació. En esa ocasión, aclaramos dudas y malentendidos, y él compartió conmigo algunas de las experiencias que como médico ha vivido al ver nacer a niños con discapacidad.

¿Por qué en ese momento no hablaban los médicos con claridad? ¿Por qué usaban un lenguaje con términos científicos para "explicarnos"? ¿Por qué esperaban que nuestra reacción fuera tranquila? ¿Por qué nos veían con tanta tristeza y angustia?

Durante esos primeros momentos, después del nacimiento de Elisa, no quisimos ver ni hablar con nadie, quizá por no entender lo que pasaba y porque no deseábamos hacer evidentes nuestros sentimientos tan confusos e intensos.

Llegó el día en que Elisa salió del hospital. Le pusimos su mameluco amarillo porque es de buena suerte vestir a los bebés por primera vez de ese color, las enfermeras le hicieron los agujeritos en los oídos para ponerle unos aretes y nos la entregaron en un portabebé de color rosa fuerte.

Cuando subimos al coche, su papá la sacó de esa cunita, la acercó a mí con cuidado y me dijo: "Toma, abrázala, mejor llévala contigo".

En el camino la observé con detalle; estaba completa, se movía y su cara había cambiado un poco. "¿A quién se parece? –me pregunté–, quizá se equivocaron en el hospital y la niña no tiene nada de lo que dicen..."

Saliendo del hospital nos fuimos a recoger a su hermano Emiliano que se encontraba en la escuela. Estaba ansioso por conocer a su hermana y se llevó una sorpresa cuando se dio cuenta de que ya venía con nosotros. Al verla se puso muy contento. Quería jugar con ella, enseñarle su casa, su cuarto y sus juguetes.

Cuando llegamos a la casa, acosté a Elisa en su cuna y su hermano me preguntó sorprendido: "Oye ¿por qué no la abrazas?"... Así lo hice y comenzamos a jugar los tres.

Poco después intenté explicarle a Emiliano la situación de su herma-nita: "Emiliano, tú sabes que Elisa no podrá hacer algunas cosas y que le

va a costar trabajo…" y el niño respondió rápidamente: "¡Claro!, pero va a poder hacer otras cosas".

Entonces, me percaté de que no tenía mucho caso explicarle al niño la situación de su hermana. Él comprendía más que yo lo que sucedía y poco a poco caí en cuenta de que nos plantearía sus dudas cuando lo necesitara. Para él, no había problema alguno, Elisa estaba ahí y él podía estar con ella, eso era suficiente.

Había que realizar estudios médicos, esperar diagnósticos, conseguir oxígeno, sondas, comprar un colchón para que durmiera inclinada, mandar preparar dosis especiales de un medicamento llamado espironolactona e integrar esa mezcla con otra sustancia, contar gotitas de medicamento, conseguir una leche especial para evitar el reflujo y en los tiempos libres, cuidar a la bebé.

Pasados los primeros días, fuimos conociendo a Elisa. Parecía haber nacido educada. Tomaba su leche despacito pero comía bien, dormía toda la noche, casi nunca tuvo cólicos y era muy risueña.

Por momentos, me parecía que mi hija no tenía problemas, pero a veces cuando la cargaba o se quedaba dormida en la sillita del coche, me daba cuenta de que su cuello era muy frágil y se movía de manera algo diferente que otros bebés.

Dada la información que recibí de varias personas que conocían esa situación por tener niños con discapacidad, sabía que sería necesario llevarla a una o varias terapias.

Agradezco el tiempo, la apertura y la confianza que dedicaron los nuevos amigos que conocí en aquellos días, para compartir conmigo sus experiencias más íntimas, las cuales me hicieron darme cuenta de que no estábamos solos y que teníamos muchas cosas por hacer con Elisa.

Pero, ¿a dónde la llevo?, ¿qué tipo de terapias necesita?, ¿deberá recibir todos los tratamientos al mismo tiempo?, ¿por dónde debíamos empezar?... Las preguntas se agolpaban en mi mente

Comenzó el recorrido por diferentes lugares en donde ofrecían atención terapéutica para niños con discapacidad. En esos días conocí a más médicos y terapistas que los que había visto en toda mi vida.

En unas semanas recopilé una gran cantidad de información sobre lo que es el síndrome de Down, todo lo que puede ocurrirles a los niños que nacen con esta condición, cómo cuidarlos, qué tratamientos requieren, y entre otras cosas me enteré de lo que sí pueden llegar a hacer...

Eso es, ¿qué podrá llegar a hacer Elisa? Por lo pronto había que estimular su cuerpo lo más posible para que respondiera y así ayudarla para que estuviera más fuerte y se desarrollara mejor.

Comenzó una terapia física dos veces por semana y me indicaron que además yo tenía que hacer unos ejercicios con ella todos los días en la casa. Eso no me gustó pues pensé que era su mamá, no su terapista, y me molestaba incomodarla.

Decidí que Elisa tendría su tiempo de terapia con los especialistas y a la vez la llevaría al mismo centro de estimulación temprana para bebés al que llevé a Emiliano cuando era pequeño. Fue entonces cuando, sin darme cuenta, comenzó la integración escolar de Elisa.

Ella necesitaba recibir tratamientos especiales para poder desarrollarse, pero también era muy importante que aprendiera otras cosas, que conviviera con bebés de su edad, que jugara con ellos y que la conocieran en su entorno desde pequeña.

Las terapias a las que Elisa ha asistido durante toda su vida han cambiado con el tiempo, de acuerdo con sus necesidades y su propio desarrollo. Desde que era muy pequeña, sus tardes han estado ocupadas con diversos tipos de terapias físicas, de lenguaje, aprendizaje, además de las clases de baile, natación, teatro y los juegos que realizan los niños de su edad. No obstante, sabemos que ella siempre requerirá ese apoyo adicional y estas alternativas para que todos vivamos mejor.

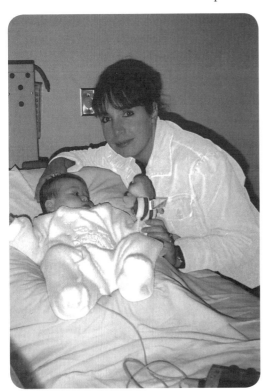

Lejos de lo que imaginábamos en un principio, los tratamientos terapéuticos han resultado experiencias agradables para sensibilizarnos y aprender, en las cuales hemos conocido a muchos terapeutas comprometidos de manera especial con los pequeños con los que trabajan, hemos tratado a otros niños con discapacidad con sus familias, y hemos tenido la posibilidad de disfrutar y compartir cada uno de los logros que va teniendo Elisa.

Unos meses después de que la niña nació, los médicos consideraron que había llegado el momento adecuado para operarla del corazón. Recuerdo vagamente unos dibujos que el cardiólogo hacía en su consultorio en una hoja de papel, para explicarnos lo que no funcionaba bien y lo que tendrían que hacer para corregir esas fallas durante la cirugía. Me quedó muy grabada la voz de ese médico cuando dijo: "Vamos a abrir el corazón de Elisa"...

Ese día y los que le siguieron fueron difíciles. Sin embargo, aún puedo ver cómo me miraban sus ojitos unas horas después de su operación. Elisa se había quedado con nosotros. Estaba más viva e inquieta que nunca y hablaba con todo su cuerpo, sobre todo con su mirada.

Como consecuencia de la cirugía, Elisa no recuperó la frecuencia de su ritmo cardiaco, por lo que unas semanas más tarde le tuvieron que colocar un marcapasos para estabilizarla, el cual utiliza hasta la fecha.

A pesar lo que imaginamos, esta situación no interfirió para nada en la vida cotidiana de la niña, pues ella puede jugar, correr, nadar, bailar, ir a la escuela, tomar sus terapias y hacer todo lo que quiera. A veces nos preguntamos, entre bromas, si no será que los médicos dejaron la batería del marcapasos muy alta, por toda esta energía que observamos en nuestra hija.

Transcurridos unos meses, Elisa comenzó a presentar con frecuencia enfermedades respiratorias importantes, irritaciones en la piel, desórdenes estomacales y una serie de trastornos que nos preocupaban mucho.

Después de múltiples recorridos por consultorios, tratamientos y hospitales, encontramos que la medicina homeopática es una alternativa muy eficaz para tratar los padecimientos crónicos que entonces nos parecía que nunca terminarían y poco a poco, dentro de lo

posible, recuperamos la tranquilidad familiar. En ese momento comprendí con precisión la diferencia que existe entre la discapacidad y la enfermedad.

Elisa es hoy una niña sana, aun con su condición. Es cierto que siempre habrá que observar con cuidado su salud, revisar el fucionamiento del marcapasos, darle el tratamiento homeopático, tener con ella ciertas precauciones que hemos aprendido a identificar, llevarla a sus terapias, mantenerla realizando ejercicio, organizar sus actividades, supervisar sus rutinas y vigilar su seguridad. Pero también es verdad que cada día la podemos ver contenta, jugando, aprendiendo, creciendo y enseñándonos en los más pequeños detalles, todas esas cosas sorprendentes para las que se encuentra viviendo en este mundo.

¿Quién puede atender a un niño con discapacidad?

Capítulo 2

Los niños con discapacidad deben recibir atención médica desde su nacimiento, para detectar lo más pronto posible los problemas físicos y de salud que pueden llegar a presentar. De esta manera, será posible proporcionarles el tratamiento médico indicado y oportuno en cada caso, así como la atención terapéutica necesaria para estimular su desarrollo motriz y sensorial.

Al mismo tiempo, la familia de un pequeño con esta condición deberá recibir atención psicológica para comprender con más claridad la situación particular que vive, así como identificar los tratamientos médicos y las terapias específicas que tendrá que seguir para cuidar la salud y estimular su desarrollo.

Cuando nace un pequeño con discapacidad, suele ser abrumador para los padres tener que llevarlo con diversos médicos y terapeutas; además, es probable que durante esta etapa se reciban diversas recomendaciones y sugerencias de otras personas que han pasado por situaciones similares, lo que por lo general confunde y ocasiona dudas.

A pesar de esto, será indispensable decidir qué tratamientos son más urgentes, necesarios y convenientes para el niño, tomando en cuenta su condición particular y la situación general de la familia. De estas decisiones dependerá en gran medida su salud y el grado de desarrollo que podrá alcanzar en un futuro.

Un aspecto fundamental que debemos recordar es que los niños con discapacidad tienen derecho a la salud y a recibir

la atención médica y terapéutica que requieran en cualquiera de los centros hospitalarios y clínicas de rehabilitación disponibles.

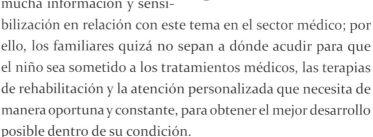

Todos los médicos deberían estar preparados para atender a un niño con discapacidad; sin embargo, todavía existen prejuicios que dificultan esto. En particular, falta mucha información y sensibilización en relación con este tema en el sector médico; por ello, los familiares quizá no sepan a dónde acudir para que el niño sea sometido a los tratamientos médicos, las terapias de rehabilitación y la atención personalizada que necesita de manera oportuna y constante, para obtener el mejor desarrollo posible dentro de su condición.

Cuando los médicos atienden a los niños con discapacidad, es frecuente que no encuentren con facilidad la manera adecuada de hablar con los padres y se angustien por ello; muchas veces no saben cómo reaccionar y en algunos casos

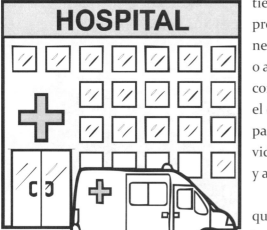

tienen la impresión de que fallaron como profesionales. En consecuencia, en ocasiones, tienden a negar la situación, a ocultarla o a dar información científica inaccesible y confusa sobre el tema; no toman en cuenta el duro momento por el que atraviesan los padres y la importancia que tendrá para la vida de ese niño su intervención oportuna y adecuada.

Por lo general, es el médico pediatra quien indica el tipo de especialistas que deberán hacer una valoración del niño, con el fin de descartar posibles alteraciones físicas,

así como identificar oportunamente malformaciones o disfunciones y encontrar alternativas adecuadas para corregirlas o tratarlas.

La mayoría de los tratamientos médicos y terapéuticos que requieren los niños con discapacidad tienen un costo elevado. De tal modo, será fundamental buscar las alternativas para obtener recursos y ubicar los centros de atención médica adecuados, según las posibilidades económicas de cada familia.

Para lograr que estos tratamientos sean efectivos, se requiere paciencia y constancia, por lo que será recomendable pedir que familiares, amigos o profesionales colaboren y apoyen en estos casos.

Algunos de estos tratamientos deben realizarse en momentos específicos del desarrollo del niño o en ciertas edades, por lo que hay que consideran la orientación de los especialistas y el tiempo adecuado para intervenir, a fin de obtener los mejores resultados.

Además, se ha observado que cuando los tratamientos terapéuticos se aplican adecuadamente durante los primeros años de vida, el cerebro humano puede compensar o generar nuevas vías de comunicación a nivel neurológico, favoreciendo en gran medida el desarrollo del bebé; a este fenómeno se le conoce como plasticidad cerebral.

La medicina alternativa y algunos tratamientos terapéuticos recientes, son recursos
que benefician de manera sorprendente
la salud, el desarrollo, la conducta y la
estabilidad emocional de los niños con
discapacidad, mejorando también su
desarrollo motor, su área cognitiva,
su lenguaje y el funcionamiento de sus sentidos.

Los papás de un niño con discapacidad deberán
plantear al médico las dudas e inquietudes
que presenten y en caso de no quedar sa-
tisfechos con las respuestas que reciban,
será necesario buscar una segunda opinión, así como otras alternativas. No
hay que olvidar que los padres, con el
apoyo de los profesionales, son quienes decidirán lo que más le
conviene a su hijo y a veces
su intuición puede ser una
guía para dar una buena respuesta.

Por último, si bien el niño deberá ser
atendido por diversos especialistas médicos y asistir a varias terapias para mejorar
su condición, cada caso requerirá de una
atención diferente y será muy importante establecer el plan de tratamiento
particular.

¿Qué necesitan hacer los padres de los niños con discapacidad para mantenerlos sanos?

Capítulo 3

Los padres de niños con discapacidad necesitan hacer muchas cosas para mantener la salud de sus hijos estable, ya que estos pequeños tienden a ser más vulnerables por las dificultades físicas que presentan o por manifestar alteraciones en el funcionamiento del sistema inmunológico. En ocasiones, pueden presentar problemas respiratorios, gastrointestinales, circulatorios o de la piel, ocasionados por la falta de movimiento y estimulación.

Los niños con discapacidad intelectual originada por síndromes genéticos pueden tener también malformaciones o dificultades en el funcionamiento de algunos de sus órganos internos, así como alteraciones en el sistema inmunológico que pueden causar enfermedades infecciosas o alergias y otros problemas de salud que se deberán atender.

Las alteraciones sensoriales de la vista y de la audición que presentan los niños con discapacidad visual o auditiva, pueden requerir también revisiones médicas de otros órganos internos. Asimismo, es posible que necesiten cuidados especiales de la piel, tratamientos para fortalecer sus defensas y supervisión

especial –dependiendo del tipo de discapacidad– para prevenir accidentes.

Un punto fundamental a considerar es que la discapacidad no es una enfermedad sino una condición de vida, aunque en ocasiones puede haber además una enfermedad por otras causas o como consecuencia de esta situación.

Tener presente que la discapacidad no es sinónimo de enfermedad, permite distinguir con precisión entre las características particulares de la discapacidad y el malestar, padecimiento o dolor que ocasiona una enfermedad.

La discapacidad no se contagia, no representa riesgos para las personas cercanas, no afecta ni deteriora el desarrollo de otros niños; más bien, puede ser un factor que estimula y enriquece el entorno de los pequeños que viven con esta condición.

Considerando que la discapacidad no es una enfermedad, no se puede "curar". Sin embargo, es de gran relevancia ofrecer alternativas que promuevan el desarrollo por medio de terapias y aparatos médicos que facilitan la interacción y la independencia de estos pequeños.

Es fundamental sensibilizar a los médicos y al personal que trabaja en las áreas de la salud, para que estén conscientes de que un niño con discapacidad puede llevar una vida normal dentro de sus propias posibilidades físicas.

De hecho, una vez que se identifica la manera adecuada de atender su salud y que se encuentra estable físicamente, en muchos casos será suficiente que los niños con discapacidad acudan a las revisiones médicas de rutina de acuerdo con su edad.

En caso de que el niño requiera atención periódica de diversos especialistas médicos debido a su condición particular, es necesario dar seguimiento a estos tratamientos para evitar complicaciones.

La medicina alternativa puede ser una buena propuesta para atender a los niños con discapacidad que presentan problemas de salud crónicos. Estos tratamientos no provocan efectos secundarios ni reacciones tóxicas, por lo que se administran durante largos periodos de tiempo con buenos resultados.

Esta opción es diferente y más benigna que la medicina tradicional o alopática que utiliza principalmente analgésicos, antibióticos y otros tipos de medicamentos, los cuales al consumirse en exceso resultan tóxicos y agresivos para los niños; además, pueden provocar reacciones alérgicas o complicaciones si se administran de manera inadecuada o durante un tiempo prolongado.

En ocasiones, los niños con discapacidad requieren tratamientos o cirugías correctivas en órganos internos u otras partes externas del cuerpo, como brazos o piernas para mejorar su funcionamiento y su calidad de vida.

De igual forma, cuando hay discapacidad motriz, visual o auditiva, puede ser necesario el uso de diversos aparatos médicos diseñados especialmente para facilitar el desplazamiento, lograr la comprensión y/o mejorar la visión del niño.

Es conveniente estar atentos a los cambios físicos o de conducta en los niños con discapacidad, para así distinguir cuándo se encuentran enfermos, atenderlos a tiempo y evitar complicaciones.

Debido a que estos pequeños presentan problemas de comunicación o conductas atípicas, resulta difícil detectar ciertos padecimientos; por ello se recomienda, entre otras medidas, observar su estado de ánimo, tomar su temperatura, así como cuidar su higiene y alimentación.

En la medida en que se conviva frecuentemente con un niño con discapacidad, será posible identificar la manifestación de algunos síntomas que indiquen un padecimiento y así buscar oportunamente las alternativas adecuadas que permitan mantener su salud.

OTRAS MEDIDAS PARA FAVORECER SU DESARROLLO Y MANTENER SU SALUD

Además de proporcionarle atención médica, los papás de un niño con discapacidad tienen mucho que hacer para promover su desarrollo y mantener su salud física y emocional. Por ejemplo, recordar que, antes que nada, un pequeño con discapacidad es un niño, así como encontrar alternativas para transmitir sus experiencias a los médicos y terapeutas y así

favorecer el crecimiento de los niños considerando los siguientes aspectos:

- Tratar al niño con discapacidad como a cualquier otro pequeño de su edad.
- Brindarle las terapias que requiere su condición particular.
- Dedicarle tiempo para jugar, pasear, divertirse, conocerlo, etcétera.
- Ofrecerle diversas oportunidades de desarrollo integrándolo en escuelas, acercándolo a actividades extraescolares como clases de baile, música, deportes, así como actividades sociales.
- Dar seguimiento a las terapias que se requieren durante el tiempo indicado, ser constantes y no suspenderlas para obtener los resultados esperados, considerando que los avances del niño serán también un beneficio para la familia y la sociedad.
- Buscar centros de terapia accesibles considerando la distancia y las posibilidades económicas en cada caso.
- Buscar las terapias adecuadas con especialistas certificados o con experiencia en su área.
- Solicitar apoyo de otras personas, para que cuando los padres no puedan llevarlo a sus actividades, el niño no pierda el ritmo de sus tratamientos y obtenga los mejores resultados.
- Considerar que las terapias representan un esfuerzo adicional que el niño con discapacidad realiza, que en algunas ocasiones le incomodan pero no lo lastiman. No angustiarse demasiado si llora o a veces no quiere seguir con los tratamientos; más bien, recordar que estas actividades lo fortalecerán y promoverán su independencia.

Tomar en cuenta que cada niño requerirá tratamientos médicos y terapéuticos distintos y durante diferentes periodos de tiempo. Algunos los necesitarán durante toda su vida para que esta tenga una mejor calidad, otros tendrán que hacerlo solo por periodos determinados de tiempo. Otros más requieren recibir diferentes tipos de terapias de acuerdo con su desarrollo y discapacidad. Para ello, nada mejor que observar su evolución y buscar alternativas nuevas cuando ya no se detecten progresos, sin suspender el tratamiento.

Contemplar estas terapias como experiencias que también pueden favorecer que los padres expresen lo que les pasa, resuelvan dudas y conozcan a otras personas que viven situaciones similares.

Buscar siempre nuevas alternativas de desarrollo para los niños con discapacidad.

Recomendaciones generales para médicos que trabajan con niños con discapacidad

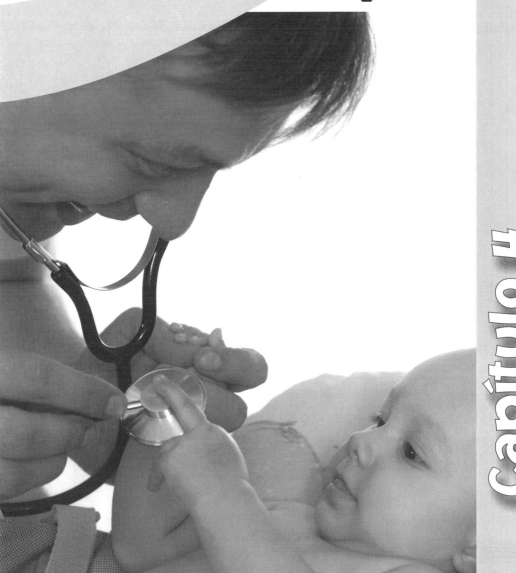

Los médicos deben trabajar con los pequeños que presentan esta condición como lo hacen con todos sus pacientes, establecer una buena comunicación con los padres y tener paciencia con las situaciones de ansiedad que frecuentemente surgen en estos casos.

Asimismo, al recibir a un niño con discapacidad, deberán investigar sobre su condición médica particular por medio de bibliografía e interconsulta con otros especialistas.

Para apoyar a los médicos en la atención de estos pacientes y su familia se sugiere considerar los siguientes aspectos:

- Proporcionar un trato agradable y afectuoso a los niños.
- Generar un ambiente cálido, confortable y adecuado para la atención infantil.
- Considerar la accesibilidad del consultorio y el mobiliario especial que se requiera para los niños con diferentes tipos de discapacidad.
- Dirigirse al pequeño de manera especial, para conocer sus síntomas, resolver sus dudas y explicar su situación según su edad y condición.
- Permitir que el niño explique lo que le ocurre en su cuerpo o los malestares que presenta, antes de consultar a los padres sobre el padecimiento y llevar a cabo la exploración clínica.
- Recordar que el pequeño es el paciente y sabe lo que pasa con su cuerpo.

- Complementar la información por medio de una entrevista con los padres y la exploración médica.

- Explicar al niño con cuidado el procedimiento médico que se seguirá para revisarlo, llevar a cabo estudios y realizar curaciones o intervenciones quirúrgicas, con el propósito de proporcionarle seguridad y confianza.

- Tener paciencia y empatía para identificar en la medida de lo posible las necesidades y dificultades del niño.

- Utilizar material didáctico relacionado con la atención médica que se ofrece para facilitar al pequeño la comprensión del tratamiento.

- Estimular el buen comportamiento de los niños por medio de instrumentos creativos, participación en el tratamiento y premios atractivos.

ASPECTOS A CONSIDERAR CUANDO UN NIÑO CON DISCAPACIDAD TIENE QUE SOMETERSE A UNA CIRUGÍA

En ocasiones, los niños con discapacidad deben ser sometidos a una intervención quirúrgica o a procedimientos especiales que implican el uso de anestesia general, ya sea por una urgencia médica o como parte de los procedimientos que deben practicárseles para mejorar su rehabilitación.

Algunas recomendaciones para facilitar la realización de este tipo de intervenciones y la prevención de riesgos son las siguientes:

Informar previamente a los niños con discapacidad que serán sometidos a una intervención en el hospital, en una forma que les permita comprender esta situación, de acuerdo con su tipo de discapacidad.

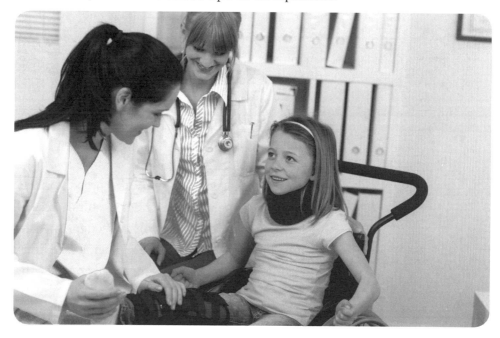

Solicitar la intervención de un psicólogo especializado, dada la relevancia de atender la situación emocional del niño y su familia. Asimismo, jugar con los pequeños al "doctor" con el fin de que entiendan mejor el proceso que les van a practicar, expresen sus sentimientos y así disminuya su ansiedad.

Propiciar que el niño participe en la preparación del equipaje que llevará al hospital, como ropa, muñecos y objetos que le agraden, ya que esto le dará seguridad.

Hablar con anterioridad con el médico y el personal hospitalario para que dentro de lo posible se permita que un familiar permanezca cerca del niño, ya que este puede tener dificultades de adaptación y com-

prensión que obstaculizarán el trabajo de estos profesionales.

- Comentar con el médico y los anestesiólogos las dificultades y particularidades de cada niño con discapacidad antes de cualquier intervención. Por ejemplo, para evitar complicaciones al entubarlos, mencionarles si el pequeño ha presentado o tiene dificultades para respirar, tragar, aspirar, toser, o bien, convulsiones, reflujo o vómitos frecuentes. Asimismo, si ha tenido problemas de circulación, si es alérgico a alguna sustancia o medicamento o si por su condición presenta intolerancia a ciertos fármacos.

- Considerar que en los niños con discapacidad suelen aparecer alteraciones en la sensibilidad, por lo que su respuesta a los sedantes puede ser atípica y variable.

En consecuencia, observar con cuidado su reacción a las sustancias que se les introducen para utilizarlas con mayor seguridad.

⚘ Asegurarse de que cuando el niño despierte de la anestesia después del procedimiento médico, se encuentre cerca de él un familiar o persona conocida que lo tranquilice y le explique lo que ocurre y en dónde se encuentra.

⚘ Procurar que durante su estancia en el hospital y dentro de sus posibilidades, se encuentre activo viendo programas de televisión que le agraden, realizando actividades manuales o participando en las salas didácticas infantiles ubicadas en algunos centros de salud.

⚘ Cuidar su dieta y su alimentación durante el tiempo en que se encuentre hospitalizado para favorecer su recuperación. En algunos casos, hablar con el personal médico para encontrar alternativas que faciliten este proceso, como colocar sondas, darle de comer en la boca y tener paciencia.

⚘ Dosificar las visitas para que el pequeño permanezca tranquilo y no reciba reacciones de otras personas que puedan alterarlo o cansarlo.

¿Qué especialistas médicos pueden atender la salud de un niño con discapacidad?

Capítulo 5

Como ya mencionamos, los niños con discapacidad tienen derecho a recibir atención, servicios médicos y hospitalarios como todos los niños de su edad. Para ello es necesario acudir a médicos de diversas especialidades, con el propósito de estabilizar su salud y disminuir las molestias y padecimientos que su condición ocasiona de manera particular.

Es indispensable diferenciar la discapacidad de la enfermedad, para poder así atender estas situaciones de manera independiente. Los niños con discapacidad no deben ser catalogados como enfermos, pues, en realidad, viven permanentemente con esta condición y en forma ocasional se enferman, como le ocurre a cualquier persona.

En tales casos, los pequeños deben ser valorados por diversos médicos para diagnosticar las alteraciones, malformacio-

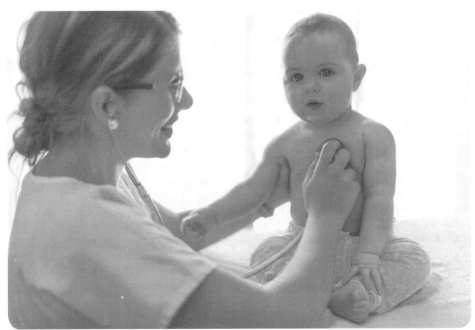

nes, lesiones y enfermedades que se lleguen a manifestar. Así podrá seguirse de manera oportuna el tratamiento indicado para solucionar dentro de lo posible la situación y mejorar su calidad de vida.

Asimismo, la atención médica de los niños con discapacidad podrá mejorar su desarrollo general y prevenir que ocurran daños y complicaciones adicionales a su condición.

Para determinar qué tipo de atención médica y terapéutica se requiere para mejorar la calidad de vida de un pequeño con discapacidad, a continuación se explicará brevemente en qué consiste cada una de estas especialidades y cómo mejora la calidad de vida en estos casos.

Consultando al alergólogo

La alergología es la especialidad médica que estudia las reacciones alérgicas e inmunológicas que se manifiestan en un organismo cuando establece contacto con sustancias externas o internas que por alguna razón le son desconocidas, causando alteración o rechazo al intentar eliminarlas.

Los médicos alergólogos son los especialistas que diagnostican

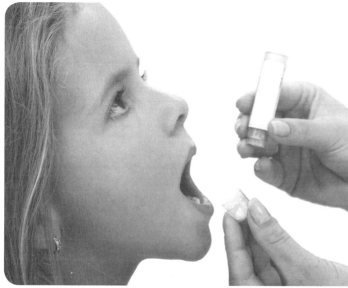

alergias, asma y otros padecimientos relacionados con el sistema de defensa del cuerpo como rinitis, urticaria y eczema, indicando en estos casos los tratamientos adecuados para atenderlos.

Los factores que ocasionan alergias en el ser humano son muy diversos; entre ellos podemos mencionar el polvo, polen, ciertos alimentos, medicamentos, animales, plantas o compuestos químicos. Por consiguiente, es importante identificar las reacciones de cada persona ante estos elementos, para disminuir o evitar el contacto y así lograr que desaparezcan posibles síntomas en la piel, el aparato respiratorio, la zona ocular y el aparato digestivo.

Los síntomas que indican la manifestación de una alergia en el cuerpo son: comezón, ronchas, inflamación, ardor, obstrucción y secreción nasal, ojos llorosos, mareos, dolor de cabeza, dificultad para respirar, tos, flemas, ronquera y molestias gastrointestinales. En grados extremos, los cuales deberán atenderse con urgencia, podrían manifestarse alteraciones en la presión arterial, vómito y asfixia.

Resulta esencial consultar al médico alergólogo en caso de que el niño con discapacidad presente síntomas de un padecimiento alérgico, antes de que este aumente y pueda agravarse.

El especialista elaborará un diagnóstico preciso y recomendará el tratamiento a seguir a través de una historia clínica, la exploración del paciente, pruebas de laboratorio y de funcionamiento respiratorio, radiografías, tomografías y aplicación de vacunas en pequeñas dosis para identificar los posibles alérgenos.

Los tratamientos que se sugieren en estos casos son evitar la ingestión y contacto con las sustancias que ocasionan alergia, inmunoterapia para estimular al organismo a producir anticuerpos y medicamentos que deberán utili-

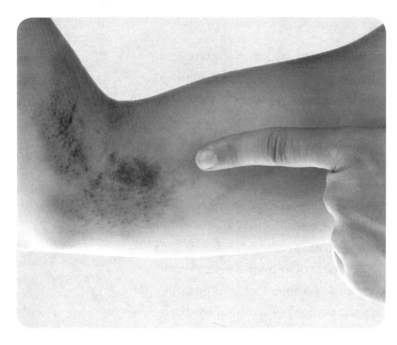

zarse con precaución siguiendo las indicaciones precisas del médico para evitar efectos secundarios.

En el caso de un niño con discapacidad, puede ser difícil diagnosticar las alergias. Por esto, habrá que conocerlo y observarlo con cuidado para atenderlo oportunamente cuando manifieste cualquier síntoma de este tipo, ya que las alergias pueden ocasionar complicaciones adicionales o exacerbar las alteraciones físicas. Algunos pequeños con esta condición son susceptibles a presentar alergias por deficiencias en su sistema inmune, así como dificultades en el aparato digestivo y respiratorio por diversas causas. Por lo anterior, es fundamental para su salud atender a la brevedad los signos de alergia.

CONSULTANDO AL CARDIÓLOGO

La cardiología es la especialidad médica que se encarga de estudiar el funcionamiento del corazón y del sistema circulatorio, así como de tratar las posibles anomalías en este órgano.

La cardiología pediátrica tiene la función de atender a los niños que por diversas razones, entre las que se encuentran algunos tipos de discapacidad, presentan problemas o alteraciones cardiacas. Los tratamientos adecuados para estos casos han presentado grandes avances durante las últimas décadas con el uso de aparatos electrónicos y la medicina nuclear.

En la actualidad, los cardiólogos pueden detectar por medio de estudios específicos si los bebés manifiestan alteraciones cardiacas o cardiopatías congénitas desde las primeras semanas del embarazo. Esto permite que se les atienda desde antes de nacer con medicamentos o cirugías correctivas en centros especializados con el fin de mejorar su calidad de vida.

Se recomienda consultar a un cardiólogo pediatra si en un niño con discapacidad se observa algún síntoma que indique que presenta una falla o problema en el funcionamiento del corazón, ocasionado por cardiopatías congénitas debidas a diversas alteraciones genéticas.

En estudios médicos, se ha observado que algunos tipos de sordera y ceguera en los niños pueden estar directamente relacionados con problemas cardiacos, por lo que

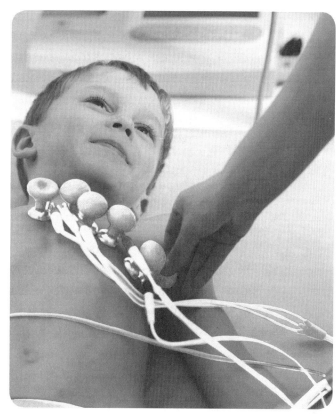

será recomendable que quienes presenten estos tipos de discapacidad, acudan con un cardiólogo especializado para descartar esta posibilidad.

Los principales síntomas que pueden indicar que un niño debe ser valorado por un médico cardiólogo son: exceso de cansancio o fatiga sin motivo aparente, poca resistencia al ejercicio físico o a las terapias de rehabilitación, respiración agitada, alteraciones en el ritmo cardiaco, signos de malestar estomacal o vértigos, vómitos, así como labios o uñas de color morado, lo que se conoce como cianosis.

Las malformaciones cardiacas que ocurren con mayor frecuencia en los niños pueden estar asociadas con algún tipo de discapacidad y algunas se corrigen con éxito mediante tratamientos médicos o cirugías durante los primeros años de vida.

Por consiguiente, es fundamental que sean valorados por estos especialistas desde su nacimiento, para que se les atienda oportunamente y se eviten complicaciones que pueden llegar a ser graves.

Entre estas alteraciones cardiacas se encuentran la persistencia del conducto arterioso, la comunicación interventricular e interauricular alterada por problemas genéticos, y algunas cardiopatías como la llamada tetralogía de Fallot.

De sospecharse que un niño padece problemas cardiacos, será indispensable que el cardiólogo realice una valoración integral y después se enfoque en el estudio del corazón.

Para ello, principalmente se deberán llevar a cabo tres estudios que se realizan frecuentemente y no causan molestias en los niños, los cuales permiten conocer la condición cardiaca del paciente:

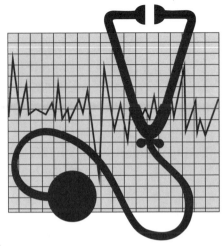

- El electrocardiograma, que indica cuándo se presenta alguna arritmia.

- La radiografía del tórax, que sirve para evaluar el tamaño del corazón y conocer los campos pulmonares.

- El ecocardiograma, que es un estudio con base en un ultrasonido en el que se observa la anatomía del corazón y se conoce en gran medida cómo es su funcionamiento.

Los niños con problemas cardiacos que son atendidos oportunamente aumentan su calidad de vida aun si tienen alguna discapacidad, ya que cuando el corazón trabaja en forma adecuada mejora el rendimiento físico, el crecimiento se realiza a un ritmo adecuado y se favorece la capacidad de aprendizaje.

Como se ha mencionado, diversas alteraciones del corazón en los niños se pueden corregir durante los primeros años de vida por medio de una cirugía cardiaca de tórax y de otros tipos de intervención como por ejemplo el cateterismo, procedimiento que consiste en introducir una sonda por una arteria o vena para reparar los problemas que surjan.

Estos procedimientos médicos cada vez tienen un mayor porcentaje de éxito debido a los avances científicos, los nuevos medicamentos que se administran y los equipos médicos de vanguardia que se utilizan para efectuarlos.

En estos casos, los medicamentos se prescriben durante largos periodos para obtener los resultados esperados y suelen estar compuestos por sustancias que pueden desencadenar reacciones delicadas en el organismo, por

lo que deberán administrar-
se con precisión y cuidado.
Además, será necesario observar al niño para detectar
cualquier complicación que
requiera ser atendida de urgencia.

La experiencia demues-
tra que, cuanto más pronto
se atiendan las alteraciones
cardiacas que pueda presentar, un pequeño con discapacidad, este tendrá un mejor
desarrollo físico, llegará al peso y talla esperados para su
edad, disminuirán las enfermedades en las vías respiratorias, se
evitarán las visitas frecuentes al hospital y se lograrán mejores
condiciones de salud para afrontar la discapacidad.

Además, ciertas intervenciones y tratamientos médicos
deberán realizarse cuando el pequeño tiene una edad deter-
minada para obtener los resultados esperados por los médicos.
De ahí la importancia de conocer a tiempo su condición.

Cabe mencionar que si un niño con discapacidad presenta
problemas de corazón, requerirá cuidados especiales e incluso
mayor atención por parte de sus padres, maestros y compañeros. No obstante, con el paso del tiempo estas atenciones
disminuirán o formarán parte de la rutina cotidiana y en la
mayoría de los casos, con las revisiones médicas periódicas,
podrá llevar una vida normal.

Los medicamentos para regularizar el funcionamiento
del corazón, por lo general se administran durante largos
plazos para conseguir los resultados esperados e incluyen sustancias de uso delicado que deberán tomarse
bajo una estricta prescripción médica.

Los cardiólogos pediatras trabajan en hospitales públicos y privados, en los que se cuente con un departamento de cardiología pediátrica, así como con los equipos e instrumentos médicos necesarios para atender de manera adecuada a los niños con problemas en el corazón.

El cardiólogo pediatra debe estar consciente de que el mal funcionamiento del corazón puede dañar otros órganos del cuerpo, por lo que deberá mantener una estrecha relación con los demás médicos especialistas que atiendan a esto niños.

CONSULTANDO AL CIRUJANO PLÁSTICO

La cirugía plástica es la especialidad médica que busca reconstruir y corregir las deformaciones y deficiencias en las funciones del cuerpo ocasionadas por distintos factores como alteraciones genéticas, malformaciones durante la gestación y accidentes.

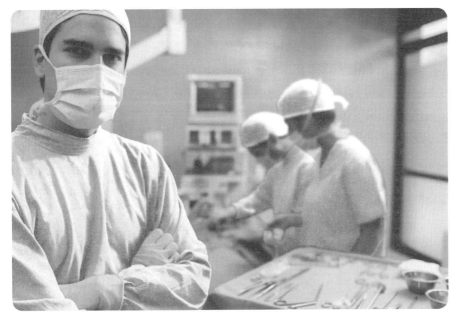

Los cirujanos plásticos, a través de la observación clínica, radiografías, ultrasonidos y otros estudios, podrán determinar qué tipo de intervención requiere cada paciente para mejorar su condición y el funcionamiento de las partes del cuerpo que se encuentren afectadas; también valorarán la conveniencia de realizar estos tratamientos.

Los padres de un niño con discapacidad ocasionada por malformaciones congénitas, accidentes, quemaduras, lesiones, fracturas o enfermedades degenerativas, pueden acudir con un cirujano plástico para que valore la situación particular de su hijo y decida si necesita una intervención para mejorar el funcionamiento de su cuerpo y su condición de vida.

El cirujano plástico puede atender algunas situaciones como el labio paladar hendido, aberturas en la columna, alteraciones en el aparato digestivo y genitourinario, fallas vasculares y de sensibilidad en el cuerpo, así como problemas de piel, músculos, tendones, nervios y huesos, con el propósito de restablecer su funcionamiento y apariencia.

Los tratamientos de cirugía plástica para niños con discapacidad consisten en intervenciones quirúrgicas que pueden ser reconstructivas o estéticas dependiendo del daño que se presente en cada caso.

En algunas ocasiones, se utilizan tratamientos menos invasivos por medio de instrumentos como el rayo láser, aparatos de vibración, tensores e inyección de sustancias recomendadas bajo supervisión médica.

En los casos de pequeños con síndromes genéticos u otras alteraciones físicas considerables, se solicitan tratamientos de este tipo bajo el argumento de mejorar su apariencia y "borrar su discapacidad". Sin embargo, la discapacidad es una condición que va más allá de la apariencia y estas prácticas

pueden ocasionar complicaciones médicas, así como problemas emocionales y de identidad en los niños.

Lo recomendable en estas situaciones es que los padres
reciban atención psicológica encaminada a la aceptación de la
condición de su hijo. Así podrán buscar información médica
acerca del daño que sufre, valorar los beneficios, riesgos y
complicaciones que pueden surgir al realizar una intervención
quirúrgica, y solicitar una segunda opinión para considerar
otras alternativas.

Consultando al dermatólogo

La dermatología es la especialidad médica que estudia
la estructura y el funcionamiento de la piel, así como
las alteraciones y enfermedades que se manifiestan en
esta zona del cuerpo debido a problemas congénitos,
inmovilidad, falta de sensibilidad y circulación,
infecciones y tumores, entre otros.

Los dermatólogos son los especialistas
encargados de diagnosticar problemas en la
piel por medio de la observación clínica, la
exploración física y el uso de aparatos especiales, así como de recomendar el tratamiento
adecuado.

Los síntomas generales que se observan en los niños y que
requieren consultar al dermatólogo son: erupciones, comezón,
picazón, salpullido, infecciones, supuración, cicatrización inadecuada, dermatitis, neurodermatitis, caída o fragilidad del
cabello y uñas, entre otros.

Los pequeños con discapacidad ocasionada
por alteraciones genéticas, con frecuencia

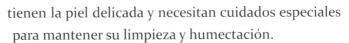

tienen la piel delicada y necesitan cuidados especiales para mantener su limpieza y humectación.

Los niños con problemas en la piel derivados de la discapacidad motriz suelen presentar infecciones, irritaciones y lesiones ocasionadas por la falta de movimiento. Algunas veces, se pueden formar úlceras y llagas que requerirán tratamientos médicos especiales y la prescripción de antibióticos para evitar complicaciones serias.

En los pequeños con discapacidad visual, hay que observar su piel de manera constante y detallada, para detectar los cambios que se manifiesten y que ellos no pueden percibir con facilidad.

En el caso de los niños con parálisis cerebral, los dermatólogos podrán valorar la necesidad de utilizar algunas sustancias que disminuyan la tensión muscular y faciliten el movimiento.

Para mantener la limpieza constante de su piel deberá usarse jabón neutro, agua tibia y realizar el secado adecuado. Asimismo, se recomienda mantener la piel humectada con cremas recomendadas por el especialista.

Los tratamientos indicados por el dermatólogo consisten en la aplicación de pomadas, ingesta de medicamentos, inyecciones, ampolletas, limpiezas profundas y cirugías.

En los casos en que aparezcan lesiones severas de la piel, será necesario el lavado especial realizado por este médico, así como cuidar la zona afectada con pomadas simples y cojines suaves elaborados con materiales hipoalergénicos como el algodón.

Además, siempre que se presenten problemas en la piel de los niños se les deberá proteger del clima, mover la zona afectada frecuentemente y considerar su aspecto emocional, el cual puede manifestarse con neurodermatitis.

Es recomendable llevar a los niños con discapacidad con el dermatólogo a valoración y revisiones periódicas, sobre todo cuando existen problemas de irritación, ardor, dolor, comezón, inflamación u otros, que no puedan manejarse en casa con limpieza y humectación.

Asimismo, cuando aparezcan lesiones en la piel, no hay que utilizar remedios caseros, talcos, maicenas, plantas u otros productos que pueden ocasionar complicaciones. En estos casos, lo mejor es llevarlo con el especialista y seguir con precisión el tratamiento médico indicado, ya que el uso incorrecto o prolongado de estas sustancias puede tener efectos secundarios en los niños.

Consultando al endocrinólogo

La endocrinología es la especialidad médica que estudia los desórdenes producidos en el organismo por las alteraciones de las glándulas endocrinas como tiroides, suprarrenales, hipófisis, gónadas y páncreas.

El sistema endocrino está constituido por diversas glándulas y órganos que producen hormonas para controlar las funciones básicas del organismo, como el metabolismo, el crecimiento y el desarrollo sexual.

Se deberá acudir con un médico endocrinólogo infantil si se observa que el niño no está creciendo de acuerdo con su edad, muestra desórdenes en su peso, problemas severos de conducta, descalcificación en el sistema óseo, alteraciones en el desarrollo sexual y los órganos genitales, así como proble-

mas para metabolizar alimentos como azúcares, grasas, proteínas y vitaminas, entre otros.

En el caso de los niños con discapacidad se pueden presentar desórdenes endocrinos como consecuencia de algunos síndromes genéticos, por lo que será muy importante que sean valorados en forma minuciosa por un endocrinólogo, quien podrá detectar los problemas que requieran atención y tratamiento para promover su desarrollo, evitar complicaciones en la salud y mejorar su calidad de vida.

Es común que los problemas del sistema endocrino se confundan con otras enfermedades, problemas emocionales, desórdenes alimenticios, problemas de aprendizaje, inmadurez, desarrollo precoz, desórdenes del sueño, entre otros. Por consiguiente, estas situaciones pueden tener su origen en alteraciones y desórdenes endocrinos.

Por medio de la observación clínica, análisis de laboratorio, ultrasonidos y otros estudios, este especialista podrá diagnosticar las alteraciones que presente el niño e indicar los medicamentos, intervenciones o tratamientos nutricionales que puedan ayudar a estabilizarlo.

En los últimos años, los sistemas de salud de algunos países han establecido que se realice en los recién nacidos una prueba conocida como tamiz metabólico; consiste en extraer un poco de sangre del talón para identificar la presencia de una sustancia conocida como fenilcetonuria, que en cantidades inadecuadas ocasiona retraso mental. Esto se practica con la finalidad de tomar lo más pronto posible las medidas necesarias para atender esta situación.

Hay que observar con cuidado el desarrollo, el peso y la conducta de los niños que presenten desórdenes endocrinos para comentar con el médico los cambios que se observan, así como ser constante en la aplicación del tratamiento recomendado para obtener resultados efectivos.

Consultando al gastroenterólogo

La gastroenterología es la especialidad médica que estudia las enfermedades del aparato digestivo, el cual está constituido por diversos órganos: el estómago, el esófago, los intestinos, el páncreas, el hígado y la vesícula biliar, entre otros.

El médico gastroenterólogo pediatra tiene la función de diagnosticar y recomendar el tratamiento adecuado para atender a los niños con alteraciones, enfermedades o malformaciones en el aparato digestivo por diversas causas.

Los niños con un funcionamiento inadecuado de estos órganos, con síntomas como estreñimiento, diarrea, poco apetito, dolor abdominal, dificultades al evacuar y palidez, requieren acudir con este especialista para evitar complicaciones y asegurar una adecuada nutrición.

Algunos niños con discapacidad manifiestan problemas en el funcionamiento del aparato digestivo ocasionados por malformaciones genéticas, cuya atención demanda tratamiento o intervención quirúrgica. Por esto, cuando un niño nace con esta condición, se recomienda que sea valorado por un médico

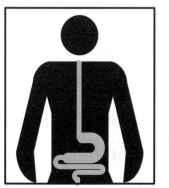

durante los primeros días de vida para detectar oportunamente y corregir las alteraciones gastrointestinales, determinar el tratamiento adecuado y evitar riesgos.

En los niños con discapacidad motriz, es frecuente que la falta de movi-

miento altere el funcionamiento del aparato digestivo, por lo que será necesario que el médico gastroenterólogo haga las recomendaciones necesarias para favorecer el proceso de digestión.

Por medio de la historia clínica, la exploración física, análisis de laboratorio y estudios como radiografías, endoscopias y ultrasonidos, el gastroenterólogo podrá diagnosticar el problema, determinar el tratamiento adecuado y sugerir los procedimientos de intervención.

Los tratamientos en estos casos pueden ser quirúrgicos o consistir en la ingesta de medicamentos. Por lo general, son correctivos y una vez realizados permiten al niño tener una digestión adecuada y llevar una vida saludable.

Consultando al genetista

La genética es una especialidad médica que se encarga de diagnosticar las alteraciones y enfermedades hereditarias

que surgen desde la infancia o en cualquier momento de la vida de una persona.

Los médicos genetistas son responsables de informar a otros médicos especialistas y a los familiares del paciente acerca de las características particulares de los diversos síndromes, enfermedades o malformaciones de origen hereditario que se pueden presentar en los niños, así como de orientarlos para que estos pacientes reciban la atención oportuna y los tratamientos adecuados que requieren.

La consulta de valoración genética es indicada en los casos en los que no se conoce el origen de las alteraciones del niño, cuando se observa que su desarrollo físico e intelectual no es acorde a su edad, en los casos donde se presenta algún síndrome o malformación durante el embarazo, así como cuando se requiere conocer la causa específica de una enfermedad para iniciar el proceso de diagnóstico y la aplicación del tratamiento adecuado.

Los niños con discapacidad deberán ser valorados por un médico genetista, ya que esta condición podría deberse a desórdenes hereditarios, genéticos o congénitos.

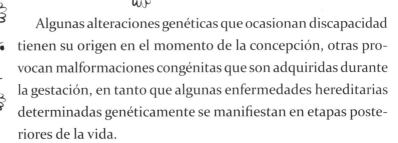

Algunas alteraciones genéticas que ocasionan discapacidad tienen su origen en el momento de la concepción, otras provocan malformaciones congénitas que son adquiridas durante la gestación, en tanto que algunas enfermedades hereditarias determinadas genéticamente se manifiestan en etapas posteriores de la vida.

Para llevar a cabo una valoración genética, es necesario realizar una historia familiar, una historia clínica detallada del paciente, exámenes médicos como: análisis de sangre, radiografías, ecografías, ultrasonidos y pruebas de tamizaje. En ocasiones, también se requieren hacer estudios a otros miembros de la familia para precisar el diagnóstico.

Las consultas con un médico genetista tendrán una duración variable dependiendo del tipo de problema que se trate y la complejidad de su evaluación. Durante estas sesiones los padres de un niño con discapacidad podrán hablar ampliamente del tema de manera confidencial y recibirán información especializada y detallada de la condición específica de su hijo.

Es importante solicitar al especialista un informe por escrito en el que se expliquen las características particulares del padecimiento del niño, así como las recomendaciones prácticas para atenderlo en forma adecuada.

La mayoría de los médicos genetistas dedican parte de su tiempo a la investigación científica, con el fin de encontrar avances en el diagnóstico de las enfermedades de origen genético, en la forma de prevención y en el tratamiento de cada una de ellas.

La ginecología es la especialidad médica que se encarga del estudio, exploración e investigación del funcionamiento y enfermedades del aparato reproductor femenino.

Resulta fundamental atender este aspecto en la salud de las niñas con discapacidad antes de que lleguen a la adolescencia, de modo que el médico ginecólogo valore el estado general de su aparato reproductor, detecte posibles malformaciones, indique los cuidados requeridos, así como los tratamientos para prevenir posibles infecciones genitourinarias y mantener el equilibrio hormonal.

El ginecólogo podrá también hablar con las jóvenes que presenten esta condición y que deseen llevar una vida sexual activa para hacer las recomendaciones pertinentes.

Asimismo, será el especialista responsable de plantear los tratamientos anticonceptivos que puedan utilizar de acuerdo con su condición para evitar embarazos no deseados y riesgos importantes para su salud.

Las adolescentes con discapacidad intelectual deberán acudir a esta consulta acompañadas por una persona que pueda asesorarlas, comprender su situación y, en ciertos casos, tomar las decisiones que más convengan junto con el médico para prevenir posibles complicaciones.

La neurología es la especialidad médica que se encarga de prevenir, diagnosticar y tratar los padecimientos y alteraciones que afectan el sistema nervioso central, la médula espinal, así como los nervios periféricos en las personas.

Por su parte, la neurología pediátrica atiende a los pequeños que presentan dificultades neurológicas desde antes de nacer hasta la adolescencia.

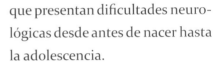

Es recomendable que los niños acudan con el neurólogo si tienen dolores de cabeza, problemas de atención y percepción, así como cuando presenten signos de inmadurez, convulsiones, irritabilidad, dificultades para dormir y neuropatías.

Estos especialistas también atienden diversos tipos de esclerosis, alteraciones en la respiración y en la conciencia (como apnea y síncopes) y algunos problemas importantes de conducta, lenguaje y aprendizaje.

Otros indicadores de problemas neurológicos pueden ser el tamaño de la cabeza mayor o menor al esperado para su edad, dificultades para establecer contacto visual y formar lazos afectivos, además de alteraciones musculares como distrofias que producen dificultades en el movimiento y la coordinación del cuerpo.

Los pequeños con discapacidad pueden padecer problemas neurológicos ocasionados por causas genéticas o alteraciones del sistema nervioso central, entre ellas: síndrome de Down, parálisis cerebral, mielomelingocele, distrofia muscular, neuropatía, atrofia espinal y fenilcetonuria.

En estos casos, será recomendable llevar al niño a valoración con un médico neurólogo, quien por medio de un interrogatorio clínico y un examen físico, determinará los estudios que haya que realizar para encontrar el origen del daño neurológico, por ejemplo: electroencefalograma, resonancia magnética, tomografías, electromiografías, estudios de laboratorio y pruebas de potenciales evocados.

Una vez identificada la causa de las alteraciones que presenta el niño en el sistema nervioso, se determinará el tratamiento adecuado, el cual podrá consistir en la prescripción de medicamentos, terapias de neurodesarrollo y/o neurorehabilitación (terapia psicológica, de lenguaje y de aprendizaje) y en ciertos casos, la cirugía neurológica.

Algunos tratamientos neurológicos se encuentran en etapa experimental y pueden producir efectos secundarios en el organismo y la conducta de los pacientes. Por consiguiente, se recomienda consultar varias opiniones y conocer los posibles efectos para buscar alternativas de atención.

Las afecciones neurológicas por lo general producen angustia en la familia de los niños que se encuentran en esta situación; sin embargo, en los últimos años se han logrado avances que permiten que los pequeños puedan llevar una vida normal.

Cuando un niño presenta problemas neurológicos, es reco-

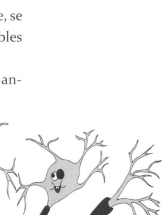

mendable actuar con paciencia, ser constante en los tratamientos y en las terapias de neurorehabilitación que requiere,
fomentar su desarrollo integral y buscar atención psicológica.

En estos casos, la detección temprana y oportuna, así como
la atención neurológica frecuente por medio de tratamientos
multidisciplinarios, pueden contribuir para evitar o detener la
progresión del daño neurológico en los niños.

CONSULTANDO AL NUTRIÓLOGO

La nutrición es la ciencia que estudia la relación entre la alimentación y la salud de las personas; se encarga también de
conocer los procesos relacionados con la absorción, digestión, metabolismo y eliminación de los nutrientes a través
del cuerpo.

Una alimentación adecuada mantendrá una buena salud
desde la infancia, ya que por
medio de una dieta balan-
ceada se satisfacen las necesidades biológicas, psicológicas y sociales de los seres
humanos.

Para lograr un buen fun-
cionamiento del organismo,
es necesario ingerir todos los
días cantidades suficientes de
cada grupo de alimentos
como son: cereales, proteínas, verduras, frutas, lácteos,
grasas y azúcares.

Muchos padecimientos
comunes y sus síntomas

pueden prevenirse o aliviarse con una buena nutrición. El desbalance en el consumo de nutrientes, ya sea por exceso o deficiencia, es causa de múltiples enfermedades como: anemia, aterosclerosis, algunos tipos de cáncer, diabetes, obesidad, hipertensión arterial, avitaminosis, desnutrición, bocio, bulimia, anorexia y problemas bucales.

El nutriólogo se encuentra capacitado para diagnosticar el estado nutricional de un paciente y elaborar una dieta adecuada que cumpla de forma equilibrada con los nutrientes que se requieren considerando la edad, sexo, estatura, actividad física, respuesta metabólica y estado de salud.

En ocasiones, este especialista trabaja junto con otros médicos para atender los casos de niños con discapacidad que presentan alteraciones en la tiroides, riñones, corazón, metabolismo y estómago, cuya atención requerirá análisis y estudios específicos.

Los niños con discapacidad deben ser valorados por el nutriólogo para detectar algún grado de desnutrición, peso inadecuado, desarrollo deficiente y bajo rendimiento físico e intelectual. De esta manera se determinará si deben seguir un tratamiento e ingerir suplementos y vitaminas adicionales que favorecerán su desarrollo.

Este especialista considerará también las características físicas particulares del con discapacidad para proponer una dieta adecuada con las calorías necesarias de acuerdo con su actividad, hacer las recomendaciones específicas a los padres para planificar la dieta, así como mejorar el proceso de alimentación y disminuir las dificultades que surjan.

Por ejemplo, cuando el niño es recién nacido, los padres deberán asegurarse que succione la leche para ingerir la

cantidad necesaria y cuando sea difícil ama-
mantarlo se podrán sugerir goteros, ma-
milas especiales y otros utensilios, que
logren que el proceso de alimentación sea completo.

Si el niño padece intolerancia
a la lactosa, alergias, infecciones
recurrentes o distensión abdominal, es recomendable consultar
con el pediatra acerca de qué
tipos de leche se le pueden ofrecer, por ejemplo, fórmulas deslac-
tosadas, descremadas o leche de soya.

Más adelante, habrá que supervisar que el niño con discapacidad sea capaz de masticar, deglutir, digerir y absorber los
alimentos, ya que algunas alteraciones pueden dificultar estos
procesos ocasionando deficiencia nutricional, infecciones y
una mala experiencia en relación con la alimentación.

En los pequeños con discapacidad motriz, la falta de coordinación, los movimientos involuntarios o la parálisis, pueden
provocar dificultades en la deglución ocasionando complicaciones estomacales y pulmonares, deshidratación y malnutri-
ción. Por consiguiente, su dieta deberá tener menos calorías,
ya que por su condición consumen una cantidad menor de
energía.

Cuando el niño no pueda incorporarse, habrá que sostener-
lo con cojines o un asiento especial que lo mantenga sentado. Si

hay inmovilidad en los brazos y manos, será necesario partir e incluso introducir los alimentos en su boca, así como utilizar vajillas, vasos de plástico con tapa y popotes flexibles para que pueda tomar líquidos.

Los pequeños con discapacidad visual deberán tener la posibilidad de conocer la comida a través del tacto, de los diferentes aromas y de otros sentidos; así aprenderán a identificarlos y consumirlos de manera independiente.

Por su parte, los niños con discapacidad auditiva tendrán que aprender los nombres de los alimentos por medio de los sistemas de comunicación que utilizan cotidianamente. En estos casos algunos alimentos no resultarán atractivos debido a que no pueden escuchar los sonidos que se emiten al ingerirlos, como ocurre al comer una tostada, una galleta y otros alimentos crujientes.

En general, se sugiere que los niños que viven con alteraciones sensoriales expresen sus necesidades y gustos relacionados con la alimentación, ya que debido a su condición, conviene presentarles la comida de manera adecuada, llamativa y accesible.

Algunas recomendaciones útiles, en uno o varios sentidos, para los pequeños con discapacidad son: proporcionar alimentos sazonados, con buena temperatura y aromáticos; ofrecer líquidos con consistencias espesas como atoles y néctares; así como alimentos semisuaves como gelatinas, carne moli-

da, quesos y purés, que pueden ingerirse fácilmente. Así adquirirán mayor independencia.

Los niños con discapacidad intelectual, por lo general manifiestan dificultades de organización, coordinación y conducta que alteran su alimentación equilibrada y constante. De ahí la importancia de supervisar la forma, la frecuencia y las cantidades de comida que ingieren para evitar excesos.

Cuando hay una buena nutrición todas las funciones del cuerpo mejoran, por lo que hay que enseñar a los pequeños que no existen alimentos malos; lo que debe considerarse es la cantidad, la frecuencia y el balance con el que se consumen. También se sugiere incluir en la dieta antioxidantes, suplementos y vitaminas de acuerdo con la recomendación del nutriólogo.

Para una buena nutrición, es recomendable realizar ejercicio físico con frecuencia y en el caso de los niños con discapacidad, encontrar la manera adecuada para que desempeñen algún deporte o actividad tomando en cuenta su condición.

CONSULTANDO AL ODONTÓLOGO

La odontología es una práctica médica que se dedica a atender y prevenir problemas en los dientes, las encías, la lengua y otras estructuras que se encuentran dentro o cerca de la zona bucal.

Los niños con discapacidad requerirán tratamientos odontológicos preventivos y curativos constantes debido a que suelen sufrir alteraciones y padecimientos dentales por diversas causas, por ejemplo una deficiente higiene bucal, caries, malformaciones dentales, labiales, del paladar o lengua, ingesta excesiva de medicamentos, falta de piezas dentales, oclusión dental incorrecta, hipersensibilidad bucal, infecciones en las encías, o dificultades de deglución, nutricionales y de expresión verbal.

Llevar a cabo el tratamiento dental de estos pequeños tiende a ser complicado, debido a la resistencia que algunas veces muestran, ya que temen que les cause dolor, se les dificulta comprender por qué tienen que acudir a las visitas con el dentista o manifiestan problemas de conducta.

Por esto, es recomendable que los dentistas que los atienden conozcan los diferentes tipos de discapacidad que existen, así como sus causas y características particulares, para poder atenderlos adecuadamente.

Asimismo, es recomendable explicarles previamente cuáles son los motivos por los que acudirán al dentista, con el fin de disminuir su temor.

En el caso de un niño con discapacidad motriz que presente dificultades de movimiento en la zona facial o en otras partes del cuerpo, el especialista dental deberá utilizar los aparatos diseñados para mantener la boca en las posiciones que se requieren, necesitará el apoyo de otras personas durante el tratamiento para movilizarlo y algunas veces deberá utilizar anestesia general para evitar lastimarlo debido a posibles movimientos involuntarios.

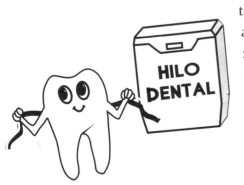

Cuando la discapacidad sea visual y auditiva, el dentista y los padres deberán conocer los medios de comunicación especiales del pequeño para identificar los síntomas y explicarle en detalle los procedimientos que se le realizarán, con el propósito de que comprenda lo que se está haciendo y coopere para recibir el tratamiento.

Si el pequeño tiene discapacidad intelectual, se requerirá mucha paciencia y estímulos atractivos para facilitar su atención; en algunos casos cuando se resista en exceso, habrá que encontrar alternativas para atenderlo adecuadamente y evitar riesgos.

En los últimos años, la odontología ha desarrollado una nueva área de especialización para pacientes con necesidades especiales, orientada a prevenir complicaciones y emergencias innecesarias.

Para esto, hay que preparar a los niños con anticipación, trabajar junto con otros médicos y controlar a los pacientes con equipo especializado según sus necesidades específicas.

En todos los casos de discapacidad, se recomienda acudir al dentista cada tres meses a revisión, aun cuando no se observen problemas dentales aparentes. Esto se sugiere para poder detectar principios de caries y pequeñas infecciones, entre otros padecimientos, así como para realizar limpiezas preventivas, aplicaciones de flúor y colocar selladores que protejan las piezas dentales.

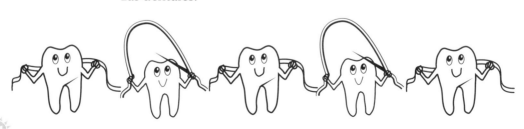

Los métodos que se utilizan para prevenir las caries, enfermedades de las encías y otras infecciones bucales pueden ser muy útiles para evitar descuidos que ocasionen dolores intensos, abscesos, pérdidas dentales, sangrados bucales y otras situaciones que requerirán tratamientos más complejos.

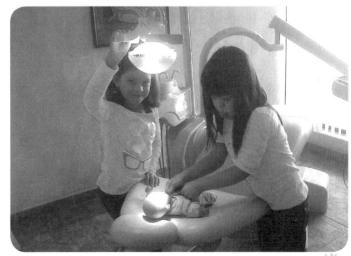

Algunas veces pueden ser recomendables también los tratamientos de ortodoncia en estos pequeños para impedir la salida de dientes encimados y propiciar el acomodo de aquellos que se encuentren obstruidos, facilitar la limpieza bucal, así como para mejorar los problemas de deglución y de comunicación verbal.

Si el niño se encuentra excesivamente temeroso o inquieto durante el tratamiento dental, el dentista puede considerar indicado utilizar la técnica de sedación consciente, para facilitar la atención dental.

Un aspecto fundamental que deberán tomar en cuenta los dentistas al atender a niños con discapacidad, será su estado de salud general para no correr riesgos durante los procedimientos que se realicen. Por ejemplo, en el caso de pacientes con ciertos problemas cardiacos, respiratorios, neurológicos o alérgicos, se deberá utilizar un tipo de anestesia especial y tener cuidados particulares, entre otras indicaciones médicas.

En la actualidad, han mejorado en forma notoria las técnicas de atención dental para disminuir las molestias que los tratamientos ocasionan; incluso, es cada vez más común encontrar dentistas especializados en la atención

infantil que cuidan que sus pacientes se sientan cómodos y seguros proporcionando un trato agradable mediante el uso de juguetes atractivos y estímulos al finalizar las sesiones.

Se ha observado que una salud oral y dental apropiada, repercute favorablemente en la calidad de vida del niño con discapacidad y su familia, ya que facilitará su alimentación, evitará molestias, mejorará su aspecto estético; y en algunos casos, permitirá una adecuada articulación de las palabras, al igual que su adaptación social.

Consultando al oftalmólogo

La oftalmología es la especialidad médica que estudia las alteraciones en el globo y la musculatura ocularres, el sistema lagrimal y los párpados.

El médico oftalmólogo es el responsable de diagnosticar, a través de diversas pruebas, los padecimientos que surgen en la vista, para recomendar el tratamiento adecuado.

Si un niño no puede ver bien, se manifestarán algunos síntomas característicos como son: dolor de cabeza frecuente, ojos llorosos o enrojecidos, necesidad de acercarse o alejarse de los objetos y material de lectura, deseo de frotarse continuamente los ojos y dificultad para adaptar su visión a la luz o a la oscuridad.

Cuando esto sucede, es necesario llevarlo con un oftalmólogo pediatra para corregir defectos visuales y prevenir complicaciones causadas por

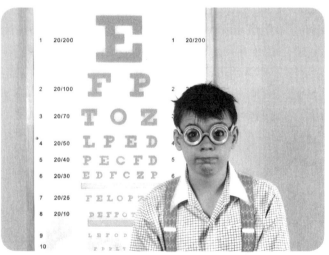

infecciones recurrentes o lesiones en los párpados y ojos que pueden curarse con medicamentos como pastillas, ungüentos o gotas.

Las alteraciones visuales más frecuentes durante la infancia son miopía, estrabismo, hipermetropía y astigmatismo, las cuales pueden ser tratadas y corregidas con lentes graduados, cirugías y terapias visuales, dependiendo del grado en que se manifiesten.

Los niños con discapacidad visual, padecen con frecuencia irritaciones e infecciones en la zona ocular, por lo que es vital someterlos a una supervisión médica constante para evitar mayores complicaciones.

En estos casos, el oftalmólogo pediatra podrá recomendar anteojos especiales para proteger de la luz y el ambiente, así como para mejorar la visión en la medida de lo posible. De igual manera, sugerirá las alternativas que permitan al niño continuar su desarrollo social, académico e intelectual.

Para esto, puede ser necesario que aprenda a leer con el método Braille, que utilice la computadora adaptada y que se oriente por medio del bastón blanco o el acompañamiento de un perro guía.

En los últimos años, se ha avanzado en la cirugía ocular utilizando el rayo láser y otros instrumentos precisos y especializados que permiten realizar diversas intervenciones, incluso en niños muy pequeños, con el propósito de corregir malformaciones como bloqueos del lagrimal, defectos visuales, glaucoma y retinoplastia.

Es necesario que los niños con discapacidad intelectual o problemas de aprendizaje, acudan también a una revisión oftalmológica para que se determine si necesitan algún tratamiento específico que mejore su visión y desarrollo.

Si un pequeño muestra dificultades visuales, hay que permanecer atento a los cambios en la apariencia de los ojos, así como a las conductas que puedan indicar la presencia de desórdenes visuales.

Finalmente, será fundamental ser constantes en los tratamientos y terapias indicados para mejorar la visión del niño con discapacidad y cuando sea indispensable, permitir que se le practiquen intervenciones médicas para solucionar estos problemas.

CONSULTANDO AL ORTOPEDISTA

La ortopedia es la especialidad médica que estudia los problemas y lesiones del sistema músculo-esquelético de las personas.

El médico ortopedista será el responsable de detectar las alteraciones que se muestren en brazos, piernas, pies, manos y columna vertebral, con el fin de disminuir el dolor, las molestias y restaurar, hasta donde sea posible, su funcionamiento.

Deberán acudir con un médico ortopedista los niños que muestren dificultades al caminar, diferencia de tamaño en las piernas, desviación de columna vertebral, osteomielitis, parálisis, fracturas, luxaciones, tumores óseos, infecciones de huesos, así como malformaciones de

nacimiento como pie equino, displasia de ca-
dera y luxación congénita.

El especialista en ortopedia realizará una
valoración que determinará el tratamiento
que deberán recibir estos pequeños, considerando que se encuentran en una etapa de
crecimiento, por lo que su cuerpo responde
de manera particular y exige atención especializada.

Después de valorar la situación, el ortopedista puede recomendar tratamientos de
diversos tipos para solucionar el problema,
como uso de plantillas y zapatos ortopédicos, aparatos para
mantener posturas y aumentar la fuerza, férulas para inmovi-
lizar extremidades lastimadas, implantes, prótesis y cirugías
correctivas que mejoren la condición del paciente.

También puede sugerir tratamientos alternativos, como
fisioterapia, hidroterapia, masajes terapéuticos, ejercicio y
otros nuevos tratamientos médicos que sean benéficos para
su rehabilitación.

El médico ortopedista indicará los cuidados especiales que
requieran los niños con discapacidad motriz debido a las alteraciones que se producen en su cuerpo, ocasionadas por
el poco movimiento. Asimismo, les sugerirá la manera para
desplazarse con seguridad e independencia, utilizando aparatos ortopédicos como bastones, muletas y sillas de ruedas
adaptadas.

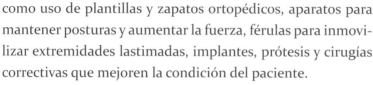

Es fundamental que los niños con problemas ortopédicos, acudan a tiempo con el especialista
para que, en la medida de lo posible, se
resuelvan sus dificultades y sean
constantes en los tratamientos
de rehabilitación para obtener
resultados efectivos.

La otorrinolaringología es la especialidad médica que estudia las alteraciones en el oído, boca, nariz, senos paranasales, faringe, laringe y otras estructuras cercanas a la cara y el cuello.

Los médicos otorrinolaringólogos son los responsables de prevenir y diagnosticar estos padecimientos, así como de indicar los tratamientos e intervenciones quirúrgicas necesarios para atender estos casos.

Los niños con discapacidad auditiva o dificultades del habla ocasionadas por malformaciones en esta zona del cuerpo, deberán ser valorados por un médico con esta especialidad quien, cuando sea posible, realizará el tratamiento correctivo para mejorar su audición y lenguaje.

Los síntomas que presentan los niños con enfermedades de oído, nariz y garganta son: dolor en la zona afectada, dolor de cabeza, fiebre, malestar general, inflamación de ganglios, constipación, dificultad para respirar, escuchar o hablar, entre otros.

Algunas de estas alteraciones son ocasionadas por infecciones crónicas de oído, nariz y garganta; malformaciones en la laringe, el paladar, la lengua y los labios que afectan la calidad de la voz; gripas frecuentes, así como amigdalitis y otras inflamaciones de las vías respiratorias que, de no ser tratadas a tiempo, pueden ocasionar discapacidad auditiva.

Por medio de la exploración clínica, estudios de laboratorio, cultivos, endoscopias, radiografías y tomografías, el otorrinolaringólogo podrá diagnosticar la presencia de infecciones, malformaciones u otras alteraciones en esta zona y determinará

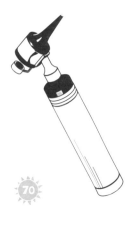

el tratamiento médico o quirúrgico adecuado para atenderlas y corregirlas.

En los casos de discapacidad motriz, sobre todo en los pequeños con parálisis cerebral, resulta esencial la valoración temprana de este especialista para facilitar su respiración y su alimentación, evitando así complicaciones que puedan ocasionar asfixia. Los tratamientos incluyen antibióticos o antiinflamatorios, el uso de vaporizadores y lavados, la aplicación de pomadas como vaselina, compresas de calor o frío en las zonas afectadas y en algunas ocasiones, la realización de cirugías correctivas.

Es conveniente tomar en cuenta que los pequeños con alteraciones respiratorias pueden tener deficiencias de oxigenación que ocasionen problemas de aprendizaje, concentración, dificultades para realizar actividad física y en algunos casos, discapacidad intelectual.

Se recomienda prestar atención a los síntomas que indiquen enfermedades en oídos, nariz y garganta en los bebés, y de manera especial en aquellos con discapacidad inte-

lectual o dificultades para expresarse, para que reciban
el tratamiento oportuno
y se eviten alteraciones
auditivas temporales o
permanentes.

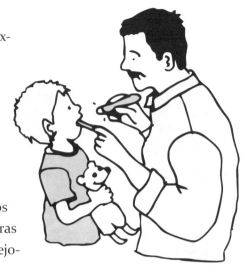

En estos casos, tam-
bién será importante cuidar
al niño de cambios bruscos
de temperatura y tomar otras
medidas preventivas que mejoren su estado de salud.

Además, se recomienda consultar a otros médicos especialistas como cirujanos plásticos y alergólogos antes de someter
al niño a tratamientos complejos o intervenciones quirúrgicas,
para decidir el tipo de atención más conveniente en cada caso.

CONSULTANDO AL PEDIATRA

La pediatría es la especialidad médica que estudia la salud
y el desarrollo físico de los niños, así como el diagnóstico y
tratamiento de sus enfermedades. Los pediatras atienden a
los pacientes desde el momento del nacimiento hasta la adolescencia.

Existen diversas subespecialidades pediátricas que atienden
los padecimientos infantiles, por medio de tratamientos que
consideran la edad del niño, el tamaño y el funcionamiento
específico del cuerpo.

En el momento en que un bebé nace, debe estar presente
un médico pediatra, quien es el responsable de detectar una
discapacidad originada por diversas causas como la falta

de oxigenación adecuada al nacer, infecciones, causas genéticas y malformaciones.

Asimismo, este especialista está capacitado para detectar alguna discapacidad por medio de la interpretación de la prueba de Apgar, que se utiliza para hacer una valoración clínica del bebé al contemplar cinco parámetros: el color de la piel, la frecuencia cardiaca, el funcionamiento de los reflejos, el tono muscular y la respiración.

El pediatra también debe conocer los padecimientos físicos que pueden ser resultado de diversos tipos de discapacidad, para proponer los estudios que se deberán realizar o recomendar a otros especialistas con los que deberá acudir. Por ejemplo, los niños con discapacidad motriz pueden manifestar daños en la piel debido a la falta de movimiento y aquellos con síndrome de Down, alteraciones cardiacas, visuales o gastrointestinales.

En algunos casos, este especialista atenderá a niños que por su condición reciben un trato inadecuado e incluso maltrato físico; por tanto, deberá estar preparado para saber cómo proceder en estas situaciones que ponen en riesgo la salud y la vida de sus pacientes.

El pediatra neonatólogo será responsable de atender en situaciones de emergencia a los recién nacidos para prevenir probables discapacidades y recomendar la aplicación de la prueba del tamiz metabólico para identificar una discapacidad intelectual ocasionada por la presencia de sustancias dañinas para el organismo.

Cuando nace un niño con discapacidad, es fundamental llevarlo a una valoración pediátrica. El especialista, por medio de la observación clínica y del resultado de estudios de gabinete, tendrá la posibilidad de detectar la presencia de alteraciones y será el responsable de dar un diagnóstico a los padres, de sugerir las alternativas de tratamiento y remitirlo con los especialistas pediátricos adecuados en caso de encontrar alguna anomalía.

Asimismo, revisará los resultados obtenidos con el propósito de integrar un expediente que contenga la información médica completa. Esto permitirá proporcionar al paciente un seguimiento adecuado y simplificará los tratamientos.

En el caso de un niño con discapacidad, el médico pediatra también canalizará a su paciente con los terapeutas indicados para el tipo de discapacidad que presente y elaborará las recomendaciones generales para la familia en relación con los cuidados, la atención, el desarrollo y la alimentación del pequeño.

Se sugiere que los niños sean atendidos por el pediatra desde el nacimiento, ya que podrían requerir una intervención urgente para mantener su vida. En otros casos, habrá que acudir a una consulta con este especialista para determinar el tipo de discapacidad del niño y las consecuencias que se presentan.

Algunos de los síntomas que indican que un pequeño tiene una discapacidad, incluyen un desarrollo más lento en comparación con el de otros niños de su misma edad, dificultades para escuchar, fijar la mirada o reaccionar a los estímulos de la manera esperada, problemas de movimiento, falta de fuerza y complicaciones para alimentarse o respirar, entre otras.

Cuando se requiera la intervención de un pediatra, este se encargará de supervisar y mantener en los niveles adecuados los signos vitales del paciente, administrar los medicamentos o el material médico necesario para facilitar el funcionamiento del organismo del niño y en algunos casos, realizar operaciones quirúrgicas.

De igual manera, será el responsable de mantener la salud del pequeño mediante tratamientos preventivos y de proporcionar información a los padres acerca de su cuidado, así como de las posibles reacciones y efectos secundarios de ciertos tratamientos.

Los niños deberán acudir al pediatra al cumplir una semana de vida y una vez al mes durante el primer año. Posteriormente, las visitas se espaciarán o se harán más frecuentes de acuerdo con el tipo de atención que requiera cada pequeño.

En caso de que presente fiebre, dolores agudos, vómito, diarrea, golpes importantes, malestar general, accidentes y alteraciones del sueño, del estado de ánimo o de la alimentación, habrá que llevarlo a una valoración pediátrica.

Los pediatras se pueden consultar con facilidad en centros hospitalarios públicos y privados, así como en consultorios particulares, y en la actualidad existe una gran demanda de estos servicios en el sector salud.

CONSULTANDO AL PSICÓLOGO

La psicología estudia las experiencias y la conducta de los seres humanos, así como sus pensamientos, emociones y su capacidad de adaptación al entorno.

Los psicólogos son especialistas que se dedican a escuchar los problemas, las dificultades y situaciones personales o familiares que enfrentan los seres humanos en diferentes circunstancias de la vida. Su propósito es ofrecer al paciente un espacio para que hable de su historia, identifique sus problemas y encuentre las alternativas de solución disponibles en cada caso.

Cuando se presenta una discapacidad, se recomienda acudir al psicólogo debido a que esta experiencia, además de tener un efecto en la vida cotidiana, transforma algunos aspectos

de la existencia de quienes enfrentan esta condición. Por ello, se recomienda hablar de los sentimientos, dudas y dificultades que, de no tratarse en forma adecuada, pueden afectar la vida y las relaciones con otras personas.

Los padres de un niño con discapacidad, por lo general atraviesan por un periodo de crisis y es en esas circunstancias cuando deben decidir qué tipos de tratamientos y terapias requiere recibir su hijo para enfrentar o remediar su situación, así como para integrarse con más facilidad a la sociedad a la cual pertenece. Por consiguiente, la atención psicológica en esos momentos puede ser muy útil y enriquecedora.

Por ejemplo, es frecuente que los niños con discapacidad motriz se sientan tristes o enojados al no poderse mover como quisieran hacerlo, les cueste trabajo relacionarse con los demás por tener dificultades para participar en ciertos juegos o se desesperen porque dependen de otras personas para llevar a cabo algunas actividades que quisieran realizar solos.

Los pequeños con discapacidad auditiva suelen sentirse molestos cuando otras personas no comprenden lo que quieren decir y por tener que hacer un esfuerzo adicional constante para entender lo que otros dicen. Tales situaciones pueden dificultar también sus relaciones interpersonales y su capacidad de aprendizaje.

Asimismo, los niños con discapacidad visual pueden experimentar sentimientos de temor o inseguridad por no saber cómo conducirse en ciertos lugares o espacios y desarrollan una imaginación muy amplia que es conveniente compartir con otras personas para encauzarla en forma adecuada. En ocasiones, tienen dificultades para relacionarse interpersonalmente,

así como para tener acceso a participar en actividades, lo que puede dificultar también su aprendizaje.

Por su parte, los niños con discapacidad intelectual suelen presentar problemas de adaptación y conductas atípicas que, si no se comprenden, dificultan su interacción con el medio y les hacen experimentar sentimientos de enojo, frustración o tristeza que en ocasiones son muy intensos.

Un aspecto importante que a menudo aparece en los pequeños con discapacidad, es que por diversos motivos les resulta difícil ser escuchados y establecer relaciones significativas con otras personas, lo que limita en gran medida su desarrollo personal y afectivo.

Por todo lo anterior, se recomienda que estos niños asistan a un tratamiento psicológico para expresar y comprender lo que les ocurre, identificar sus emociones, mejorar su conducta y establecer relaciones significativas con otras personas. De esta manera, se logrará que tengan un desarrollo más adecuado y se evitarán en cierta medida problemas y dificultades emocionales que pueden complicar la situación de discapacidad en la infancia y en otras etapas de la vida.

Algunos de los síntomas que indican que un niño con discapacidad, sus padres o alguno de sus familiares requieren atención psicológica para sentirse mejor son: ansiedad, tristeza, enojo, dificultades para comer o dormir, problemas para concentrarse, dudas sobre cómo enfrentar la situación que viven y desconocimiento respecto a cómo atender a un niño con discapacidad, entre otros.

Estos síntomas que pueden manifestarse en muchos casos, cuando son excesivos o surgen por periodos prolongados, afectan la salud mental y la vida de quienes los padecen y su entorno. Por ello, es necesario buscar a tiempo un tratamiento psicológico, lo que en ocasiones no se considera prioritario, ya que no es fácil hablar de experiencias íntimas y es necesario solventar otros tratamientos médicos, terapéuticos o educativos.

Los tratamientos psicológicos se llevan a cabo en un consultorio privado, en sesiones que duran alrededor de una hora y que se organizan de acuerdo con las necesidades de cada persona. En algunos casos, se realiza una valoración por medio de entrevistas, pruebas psicológicas y espacios de juego, que permiten conocer la situación del niño; en otros, se lle-

van a cabo sesiones en las que las personas pueden hablar de sus problemas, se desahogan y buscan alternativas de diversos tipos que les ayuden a mejorar su vida.

Muchos piensan que quienes acuden a un psicólogo se vuelven dependientes, cambian su forma de ser o hacen cosas que pueden ocasionarles más dificultades; sin embargo, es importante considerar que esto no tiene que ser así y que cuando sucede, es porque los problemas ya existían y los procesos de cambio son necesarios para crecer, buscar nuevas formas de vivir y relacionarse con los demás.

De acuerdo con cada caso y las necesidades particulares de la persona, el psicólogo dará a conocer al paciente los diversos tipos de tratamiento que existen, entre ellos: la psicoterapia, la terapia breve de apoyo, la terapia de pareja, la terapia familiar y la terapia de juego, con el fin de que pueda identificar y recibir la atención psicológica que requiere.

En algunos casos, las personas con discapacidad y sus familias se interesan en tener una experiencia de escucha personal, para lo que se puede proponer un psicoanálisis.

Los niños con discapacidad que presentan dificultades psicológicas, necesitan ser tratados con mucha paciencia y afecto para contener los sentimientos y conductas que les afectan. Es importante identificar cuándo tienen un problema, no la están pasando bien y necesitan un espacio especial para atender esta situación adecuadamente.

Finalmente, es recomendable que las personas que se encuentren cerca de un niño con discapacidad, se den cuenta de cuándo son ellos quienes afectan el desarrollo del pequeño con sus problemas y sentimientos; así podrán buscar alternativas de apoyo.

CONSULTANDO AL PSIQUIATRA INFANTIL

La psiquiatría es la rama de la medicina que estudia las alteraciones mentales ocasionadas por ciertos desórdenes bioquímicos en el organismo, así como por problemas ocasionados en el entorno social.

El psiquiatra infantil es el médico que se encarga de observar las dificultades que surgen en el desarrollo emocional y la conducta del niño, considerando sus antecedentes biológicos, la dinámica familiar, las relaciones sociales que establece y sus características personales.

Los principales síntomas que indican que un niño requiere una valoración psiquiátrica son: ansiedad excesiva, temores sin causa aparente, problemas severos de conducta y aprendizaje, agresividad, aislamiento, alteraciones del sueño, desórdenes de la alimentación, dificultad para contener esfínteres, así como trastornos motores y de la comunicación.

Algunas alteraciones de conducta que se aprecian en los niños y que requieren ser atendidas por un psiquiatra infantil son: autismo, desórdenes en el desarrollo ocasionados por síndromes genéticos, depresión, déficit de atención, confusión excesiva, conducta antisocial, hiperactividad, anorexia, bulimia, obesidad, conductas autoagresivas, fobias, tics, dificultad en el

control de impulsos, abuso de sustancias tóxicas y consecuencias de maltrato infantil, entre otras. Por medio de entrevistas con los padres, reportes escolares, observación clínica, aplicación de pruebas psicológicas, estudios de laboratorio, electroencefalogramas, radiografías y tomografías, el psiquiatra podrá determinar algunos de los factores que ocasionan alteraciones psiquiátricas infantiles e indicará el tratamiento adecuado.

Los tratamientos que recomienda un psiquiatra infantil consisten, sobre todo, en la ingesta de medicamentos de empleo delicado, psicoterapia y sugerencias encaminadas a modificar la dinámica familiar y el entorno social del pequeño.

Los niños con discapacidad ocasionada por síndromes genéticos, lesiones y alteraciones cerebrales o casos en que se manifiesten con frecuencia algunos de los síntomas mencionados, pueden acudir a una valoración psiquiátrica para recibir el tratamiento indicado, que les permita mejorar su condición de vida y sus relaciones interpersonales.

Es fundamental conocer y observar con cuidado el estado de ánimo y la conducta de los niños con discapacidad, para que en caso necesario sea atendido por un psiquiatra infantil.

Un aspecto que se debe considerar en estas situaciones, es que algunas personas confunden ciertos tipos de discapacidad con problemas psiquiátricos graves, lo cual no es así. La discapacidad no es lo mismo que la locura. En estos casos, se recomienda que los padres expliquen a los demás las características particulares de la conducta de su hijo, para favorecer la comprensión de su entorno social y su inclusión.

La reumatología es la especialidad médica que estudia las alteraciones en el sistema músculo-esquelético, el cual se compone por articulaciones, huesos, músculos y tendones.

Los médicos reumatólogos diagnostican estos padecimientos que por lo general se manifiestan por medio de síntomas imprecisos cuya atención requiere de tratamientos prolongados.

Las principales enfermedades reumáticas que los niños padecen son: artritis infantil, lupus, fiebre reumática, problemas de columna, osteoporosis y fibromialgia.

Algunos de los síntomas que pueden indicar la presencia de una enfermedad reumática son: inflamación articular, dolor de extremidades, enrojecimiento en el área de las articulaciones, cambios de temperatura en diversas zonas del cuerpo, salpullido, inflamación de ganglios, fiebre inexplicable y contracturas, entre otros.

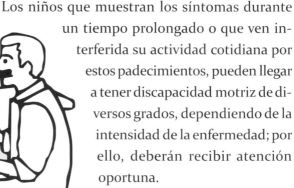

Los niños que muestran los síntomas durante un tiempo prolongado o que ven interferida su actividad cotidiana por estos padecimientos, pueden llegar a tener discapacidad motriz de diversos grados, dependiendo de la intensidad de la enfermedad; por ello, deberán recibir atención oportuna.

El médico reumatólogo atenderá a estos pequeños basado en exámenes de laboratorio, radiografías, ecografías y otros estudios de imagen, para diagnosticar con precisión el tipo de enfermedad reumática que se manifiesta, indicar el tratamiento adecuado y evitar complicaciones.

Por lo general, estos tratamientos consisten en la ingesta de medicamentos antiinflamatorios y analgésicos, así como recomendaciones terapéuticas que incluyen masajes, ejercicios de rehabilitación, terapia física, hidroterapia, aplicación de calor en las zonas afectadas y otros.

Los niños que presentan enfermedades reumáticas, así como las personas que se encuentran cerca de ellos, deben saber que estos padecimientos suelen ser crónicos y demandan tratamientos para mantenerse bajo control y disminuir los síntomas. Por ende, es recomendable ser constantes y pacientes.

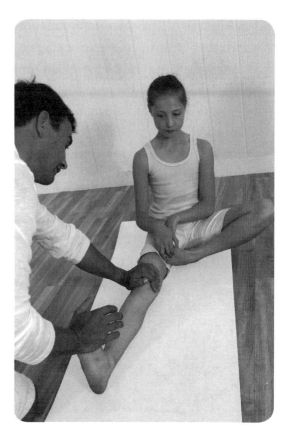

Consultando al urólogo

La urología es la especialidad médica que se encarga del estudio del aparato urinario y las glándulas suprarrenales de ambos sexos, así como del funcionamiento y las enfermedades del aparato reproductor masculino.

Resulta esencial atender este aspecto en la salud de los varones con discapacidad antes de que lleguen a la adolescencia, con el propósito de que el urólogo pueda valorar el estado general de su aparato reproductor, detectar posibles malformaciones, indicar los cuidados que se requieran en cada caso, así como los tratamientos para prevenir infecciones genito-urinarias y mantener el equilibrio hormonal.

El médico urólogo podrá hablar con los jóvenes con discapacidad que deseen llevar una vida sexual activa y hará las recomendaciones pertinentes, también tratará las disfunciones que se presenten en el aparato reproductor masculino, como eyaculación precoz, disfunción eréctil e impotencia.

Asimismo, será el especialista responsable de plantear los tratamientos anticonceptivos adecuados para los pacientes con discapacidad y así evitar embarazos no deseados y riesgos importantes para la salud.

En el caso de los jóvenes con discapacidad intelectual, será necesario que acudan a esta consulta acompañados por una persona que pueda asesorarlos, comprender su situación y en ciertos casos, junto con el médico, tomar las decisiones que más convengan para evitar posibles complicaciones.

¿Qué especialistas en medicina alternativa pueden atender a un niño con discapacidad?

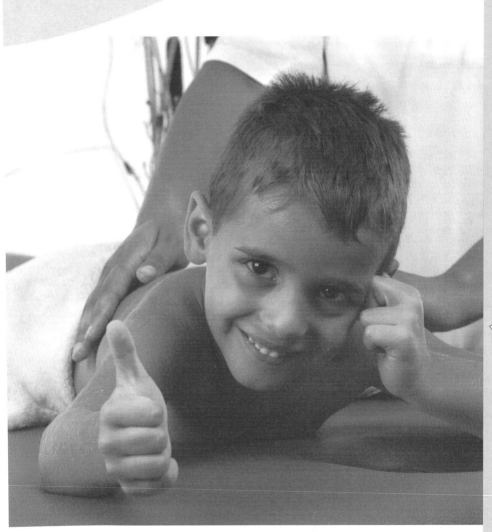

Capítulo 6

La medicina alternativa es una práctica que resulta eficaz para tratar ciertos padecimientos orgánicos de los niños con discapacidad. Puede utilizarse para atender padecimientos crónicos, recurrentes y con síntomas inespecíficos.

El uso habitual de estos tratamientos puede disminuir considerablemente o curar algunas enfermedades. Se ha observado que la medicina alternativa funciona en forma adecuada cuando se administra con constancia y se pone atención a los síntomas que se manifiestan en el niño.

Un aspecto interesante de estas alternativas es que atienden a los pacientes de manera integral y no por síntomas aislados; además, consideran las enfermedades como una consecuencia de otros aspectos físicos y emocionales que mejoran también al recibir el tratamiento, el cual suele ser preventivo.

Los tratamientos de medicina alternativa no son indicados para atender urgencias médicas; en estos casos, se recomienda acudir a un hospital de atención general.

Consultando al acupunturista

La acupuntura es una técnica de medicina tradicional china, que consiste en insertar y manipular agujas en el cuerpo, con el objeto de restaurar la salud y el bienestar del paciente.

Esta técnica considera que existe una íntima relación entre las enfermedades y la vida, por medio de los pensamientos, el manejo de las emociones, la nutrición, el ambiente, el clima y las estaciones del año.

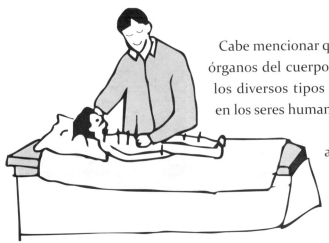

Cabe mencionar que esta medicina distingue los órganos del cuerpo de las vísceras, identificando los diversos tipos de lesiones que se presentan en los seres humanos.

Un dato curioso es que en la antigüedad los médicos chinos cobraban por mantener sanos a sus pacientes y cuando estos se enfermaban, dejaban de percibir su salario y se desprestigiaban.

Según la medicina tradicional china, la enfermedad es un desequilibrio, por lo que con sus prácticas se intenta equilibrar la energía, ya sea estimulando o relajando ciertos puntos del cuerpo.

Se ha observado que esta alternativa favorece el crecimiento del niño, previene ciertas enfermedades, activa la circulación, promueve el desarrollo de los músculos, relaja el sistema nervioso y mejora la conducta de los pequeños.

La acupuntura también es efectiva para disminuir malestares comunes en los niños, como las dificultades para conciliar el sueño, el dolor de garganta, la diarrea, el llanto, el dolor dental y el estreñimiento, entre otros.

Para establecer un diagnóstico, los médicos acupunturistas realizan un extenso interrogatorio, observan la lengua, el pulso y el aspecto general del cuerpo del paciente.

Cualquier persona que presente síntomas de alteraciones físicas, emocionales o de conducta, ocasionados por enfermedades agudas, crónicas o degenerativas, puede acudir con un médico acupunturista como una medida preventiva para mantenerse sano, reducir la ingesta de medicamentos y disminuir ciertos dolores del cuerpo.

En los últimos años, en diversas partes del mundo se ha empleado en el área de neurología, una técnica creada en Alemania conocida como electroacupuntura para tratar a niños con diversas discapacidades con resultados satisfactorios.

Algunos pequeños con síndrome de Down, parálisis cerebral, autismo y otras alteraciones, han mejorado su condición de vida a través de este tratamiento, el cual consiste en estimular los puntos que propone la acupuntura tradicional china al utilizar un instrumento de rayo láser.

Mediante esta técnica, se estimulan ciertos puntos que producen reacciones para restablecer funciones perdidas en el cerebro, ya sea desde el nacimiento o por diversos motivos durante la vida, como pueden ser enfermedades y accidentes. La técnica de acupuntura también puede disminuir la presencia de convulsiones en los niños.

La electroacupuntura, un tratamiento seguro y sin contraindicaciones o reacciones adversas, puede ser una opción para mejorar alteraciones neurológicas, dolores crónicos ocasionados por discapacidad motriz, problemas auditivos y ciertas discapacidades visuales.

Para evitar complicaciones y tratamientos no efectivos que puedan afectar el desarrollo y la salud de los niños con discapacidad, se recomienda acudir a instituciones y médicos certificados.

CONSULTANDO AL HOMEÓPATA

La homeopatía es una práctica de medicina alternativa desarrollada en Alemania por el médico Samuel Hahnemann a principios del siglo XIX.

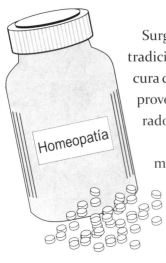

Surgió como una alternativa más benigna a la medicina tradicional y se basa en el principio de que lo semejante se cura con lo semejante; esto es, que los mismos síntomas que provoca una sustancia tóxica en una persona, pueden ser curados por un remedio preparado con esa misma sustancia.

Según la medicina homeopática, la raíz de la enfermedad es energética en vez de física y el malestar se manifiesta primero con síntomas emocionales como ansiedad, agresión, tristeza, entre otros; estos, de no ser tratados a tiempo, se convierten en síntomas mentales, conductuales y, por último, físicos.

La consulta con un médico homeópata requiere de una extensa entrevista y una evaluación clínica que contempla diversos aspectos relacionados con la vida del paciente, como el estado de salud que ha tenido, la historia clínica familiar, los patrones del sueño, las preferencias alimenticias, el temperamento y la conducta. A partir de estos datos, el especialista realiza un perfil del paciente que permite determinar el tratamiento adecuado.

Desde la perspectiva de la homeopatía, los síntomas son la forma en que el cuerpo combate la enfermedad, por lo que los profesionales que siguen esta práctica observan los síntomas generales que suelen pasar inadvertidos para otros médicos.

Para la homeopatía, el organismo es un todo y mediante este tratamiento se busca mantener un estado de salud general y permanente, de modo que si se desea alcanzar el equilibrio es necesario acudir con frecuencia a recibir tratamiento con un médico certificado.

En este sentido, la práctica pretende ser una forma

de vida más que una manera de combatir enfermedades, ya que se enfoca en la prevención y evita en la medida posible las enfermedades que pueden transmitirse a través de la herencia.

Los homeópatas contemplan a las personas como una unidad y consideran que no existen enfermedades solas, sino enfermos que están constituidos por muchos componentes como órganos inflamados, infectados, alteraciones en la sangre, padecimientos crónicos, etcétera.

Se ha observado que esta alternativa médica es aceptada fácilmente por los niños, ya que se administra en glóbulos azucarados o gotas con sabor agradable. Lo que suele ser complicado es disminuir la ansiedad de los padres para que acepten y adquieran confianza en este tipo de tratamiento diferente de la medicina tradicional que incluye el uso de antibióticos y otros medicamentos.

En un cuadro agudo, la acción del medicamento homeopático debe ser rápida y, de no ser así, tendrá que recurrirse de urgencia con el médico alópata para evitar complicaciones. En los padecimientos crónicos, la homeopatía puede ser usada por periodos prolongados debido a que no tiene efectos colaterales tóxicos en el cuerpo.

Es fundamental no determinar qué medicamentos homeopáticos se administrarán a los bebés y niños, ya que cada persona es diferente y su situación debe evaluarse de manera particular. Por consiguiente, no se puede utilizar la misma medicación homeopática de un paciente a otro.

Para la homeopatía, la herencia juega un papel importante en los padecimientos que sufren las personas y gracias a los medicamentos que se utilizan, elaborados con sustancias animales, vegetales y minerales, se logra una mejoría física en algunos de ellos, además, se modifican el carácter, el sueño y la relación del paciente con su entorno.

Según la medicina homeopática, una persona con discapacidad que se encuentra enferma no es distinta de una persona sin discapacidad; más bien, cada ser humano es un individuo con características propias, así como con posibilidades y limitaciones.

Si hablamos en específico de los niños con discapacidad, encontramos que es común que estos tengan limitaciones orgánicas que los hacen susceptibles a muchas enfermedades. Algunos de ellos padecen problemas o alteraciones en el sistema inmunológico, lo que favorece ciertos tipos de alergias e intoxicaciones que pueden tratarse mediante esta alternativa.

Los niños que presentan la misma discapacidad tienen más diferencias que semejanzas entre ellos y las distintas discapacidades no serán sino manifestaciones propias e individuales, características que se manifiestan de diferente manera en cada organismo. Lo que se busca al tratar a un niño con discapacidad con medicina homeopática es estimular su fuerza vital para que se equilibre el funcionamiento de su organismo y mejore su condición.

En la actualidad, cada vez se encuentran más médicos homeópatas que atienden en consultorios privados y también se puede acudir a hospitales homeopáticos para recibir este tipo de atención alternativa. Sin embargo, es interesante mencionar que los pacientes tratados homeopáticamente rara vez requieren internamiento hospitalario porque sus síntomas no llegan a ser graves y muchos de los padecimientos se atienden en casa, considerando que la estancia en un hospital suele ser negativa para los enfermos en el aspecto psicológico y por el riesgo de infección.

Los niños con discapacidad tienen una sensibilidad acentuada y sus síntomas suelen ser claros e intensos; es decir, el estado de enfermedad a veces es muy marcado en ellos aunque, al mismo tiempo, este contraste permite ver con facilidad el momento de la recuperación y el restablecimiento de la salud.

Desde este enfoque, se recomienda a los padres que no muestren miedo, preocupación o temor exagerado hacia la condición de sus hijos, ya que estos sentimientos impiden que el niño perciba el amor que sienten por él. Es esencial que en estos casos, los padres y las personas cercanas al niño le demuestren su afecto, ya que es uno de los mejores estímulos para la recuperación.

Al igual que otros pacientes, los niños con discapacidad nos dan la posibilidad de seguir aprendiendo unos de otros y nos permiten ver que, independientemente de sus características físicas, emocionales o intelectuales, la salud es imprescindible porque permite al ser humano trascender y realizar lo que tiene que hacer durante su vida.

Consultando al terapeuta en Flores de Bach

Las flores de Bach es una terapia médica alternativa basada en una serie de esencias naturales que se utilizan para atender algunos desequilibrios emocionales y de conducta, por ejemplo, miedo, angustia, desesperación, estrés, impaciencia, ira, confusión, intolerancia y tristeza.

Estas mezclas florales fueron descubiertas por el médico y homeópata inglés Edward Bach, quien planteó que las enfermedades físicas tienen un origen emo-

93

cional. Por medio de la ingesta de estas sustancias, se busca tratar las enfermedades para restaurar el equilibrio en el organismo.

Las flores de Bach se han empleado para tratar los problemas físicos, mentales y emocionales de los seres vivos y se ha visto que son eficaces para niños con algún tipo de discapacidad, sobre todo cuando presentan dificultades para comunicarse y expresar sus sentimientos.

CONSULTANDO AL OSTEÓPATA

La osteopatía es una práctica de reorganización global del cuerpo, que se realiza por medio de procedimientos manuales aplicados con cuidado en ciertos puntos específicos, los cuales reestablecen y modifican el movimiento de los tejidos, articulaciones y músculos del organismo respetando la fisiología de cada persona.

Esta técnica también promueve una adecuada circulación del líquido cefalorraquídeo, y relaja los tejidos conjuntivos y musculares, lo que facilita la información al sistema nervioso.

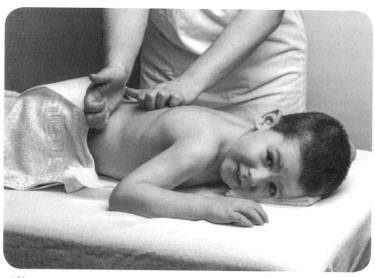

Cuando el cuerpo capta esta información, la cual permanece tiempo después de que se aplicó el tratamiento, puede organizarse mejor y decidir qué hacer con lo que está recibiendo. Por tal razón, es conveniente repetir esta técnica con frecuencia, para obtener resultados más efectivos respetando el ritmo de cada paciente.

Por medio de la osteopatía se pueden lograr avances muy sutiles en el desarrollo del cuerpo y su funcionamiento, los cuales son fundamentales para adquirir posteriormente habilidades y aprendizajes más complejos.

La osteopatía se puede aplicar en los niños con cualquier tipo de discapacidad desde que nacen, aunque el tratamiento puede comenzar y ser efectivo en cualquier momento de la vida, sin implicar consecuencias adversas.

Los niños con discapacidad se benefician en gran medida con esta técnica, ya que ayuda a estabilizar el metabolismo, las funciones del cuerpo y equilibrar los elementos que se encuentran en el organismo con el fin de favorecer la nutrición de los tejidos.

Para la osteopatía, los niños con discapacidad no están organizados de la misma manera que otros pequeños de su edad: se considera que algunas funciones de su cuerpo no trabajan en forma adecuada; sin embargo, esto no quiere decir que estén privados de alguna función.

Es importante aclarar que la discapacidad no se eliminará con esta práctica, pero es posible que apoye en el logro de avances que permitan recuperar las funciones que sí pueden restablecerse.

A los niños con discapacidad motriz, les servirá para mejorar su postura corporal, aumentar el movimiento de sus extremidades y propiciar el equilibrio y la coordinación.

En los pequeños con discapacidad visual o auditiva, la osteopatía puede ayudar a las zonas óptica o auricular a mejorar la tensión de los nervios y de los músculos de los ojos y oídos, así como a favorecer la función visual y auditiva.

Cuando los niños con discapacidad intelectual reciben la atención de un médico osteópata, se vuelven más activos, más atentos, con mayor posibilidad de relacionarse en su entorno y logran concentrarse mejor en lo que se les enseña y en lo que les interesa.

En general, el tratamiento de osteopatía es benéfico para los niños con discapacidad porque aumenta la efectividad de otras terapias que reciben para desarrollarse en forma adecuada.

Es fundamental que cuando estos especialistas trabajen con niños con discapacidad, les transmitan confianza para que acudan a las terapias que requieren y les proporcionen seguridad en su desarrollo.

Para que esto suceda, es necesario que los padres escuchen, sigan y aprendan de su hijo, y que los médicos y terapeutas abran los ojos y las manos para apoyarlo.

Consultando al quiropráctico

La quiropraxia es una especialidad de la medicina alternativa que se ocupa del diagnóstico, tratamiento y prevención de las alteraciones del sistema musculoesquelético y de sus efectos en el sistema nervioso y la salud en general.

De acuerdo con esta práctica, el organismo tiene una capacidad inherente de curación y el sistema nervioso predomina en el funcionamiento del cuerpo para mantener su equilibrio general. Para esto, se utilizan técnicas de corrección vertebral, principalmente con el fin de disminuir el dolor de espalda, la rigidez y algunas lesiones que ocasionan discapacidad.

El procedimiento de valoración consiste en un examen físico, radiografías y exámenes de laboratorio para determinar el tratamiento indicado, el cual consiste en manipular la columna vertebral por medio de ajustes y movimientos manuales. Se lleva a cabo en una camilla especial diseñada para este fin, durante varias sesiones, dependiendo de la necesidad de cada paciente.

En un primer tiempo, el tratamiento tiene como objetivo reducir o eliminar los principales síntomas, como dolor o entumecimiento. Posteriormente, se pretende fortalecer los músculos y tejidos blandos para estabilizar el funcionamiento de la columna vertebral. Por último, se brinda atención esporádica para evitar recaídas.

Los niños con discapacidad, de manera especial aquellos con dificultades motrices, pueden beneficiarse de esta práctica para mejorar su postura y respiración, aumentar sus movimientos y coordinación, así como estimular su sistema inmunológico, con lo que disminuyen las enfermedades infecciosas, las alergias y algunos dolores.

Esta práctica también se utiliza para mejorar la sensibilidad y el funcionamiento de los órganos y sentidos del cuerpo, según las causas de los síntomas. En la medida en que disminuyan las molestias físicas, se apreciarán también cambios en la conducta del niño, mejorando su estabilidad emocional y la capacidad de aprendizaje.

Para evitar poner en riesgo la salud del pequeño, ya que la manipulación de la columna vertebral es un procedimiento muy delicado, se recomienda acudir con un médico quiropráctico certificado.

¿Qué terapeutas pueden ayudar al niño con discapacidad a desarrollarse mejor?

Capítulo 7

Los pequeños con discapacidad requieren acudir a tratamientos, terapias y otras prácticas alternativas con terapeutas que les ayudarán a adquirir, mejorar o rehabilitar algunas funciones de su organismo como el movimiento, el habla, la comunicación, el equilibrio, la coordinación, la atención y la concentración, las cuales se encuentran alteradas debido a su condición.

Por medio de ejercicios, actividades y otras prácticas que se aplican durante varias sesiones, estos especialistas podrán mejorar considerablemente las capacidades y la forma de vida del niño, por lo que estos tratamientos deben seguirse de manera constante, con la frecuencia y duración que en cada caso se requiera, para obtener resultados efectivos.

Cabe resaltar que si los pequeños con discapacidad reciben los tratamientos terapéuticos oportunamente, tendrán mayores posibilidades de ser independientes, asistir a la escuela, integrarse a las actividades cotidianas, relacionarse con otras personas y mejorar su aprendizaje. En este sentido, la rehabilitación es el primer punto para que los niños que viven con esta condición puedan participar en la sociedad.

Si un niño presenta lesiones severas en su cuerpo, estas terapias le servirán para mantenerse estable, así como para disminuir las atrofias y otras complicaciones que pueden surgir por la falta de movimiento o de uso de ciertas partes del organismo.

Consultando al fisioterapeuta

La fisioterapia o terapia física es una práctica que se utiliza para promover el desarrollo adecuado del movimiento en el

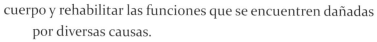

cuerpo y rehabilitar las funciones que se encuentren dañadas por diversas causas.

Los fisioterapeutas son los especialistas encargados de trabajar con los niños con discapacidad motriz, problemas de coordinación, equilibrio, posturas corporales inadecuadas y otras alteraciones físicas que afectan sus movimientos.

Es muy importante que los pequeños con discapacidad acudan a un tratamiento de fisioterapia, para que mediante el manejo adecuado de su cuerpo, se implementen los patrones de motricidad y coordinación física y adquieran así las habilidades que requieren desempeñar en la vida cotidiana. El objetivo de estas terapias es que alcancen un desarrollo motriz similar al de otros niños de su edad.

Los tratamientos de fisioterapia son indicados para los niños que muestran dificultades motoras ocasionadas por alteraciones del sistema neurológico, parálisis cerebral, sufrimiento fetal, nacimiento prematuro, malformaciones congénitas, síndromes genéticos, rigidez muscular, alto o bajo tono muscular, tortícolis, deformaciones de la columna vertebral, así como para aquellos que presentan problemas de conducta, sueño, atención y aprendizaje.

Algunos de los síntomas que podemos observar en los niños que necesitan este tipo de tratamiento son: dificultades para mo-

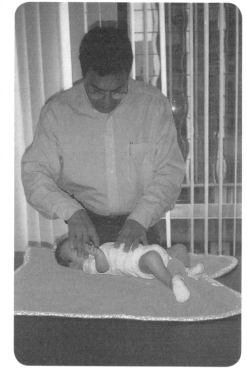

verse, dolor en huesos y articulaciones, problemas de coordinación, rigidez, debilidad, retraso en el desarrollo motor o intelectual, falta de equilibrio y posiciones inadecuadas de las extremidades, entre otros.

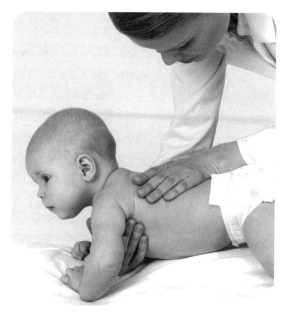

Los fisioterapeutas proponen tratamientos con programas de duración variable, que pueden llevarse a cabo por semanas o años. En cada sesión se realizan ejercicios, actividades, masajes y otras prácticas terapéuticas que al llevarse a cabo de manera adecuada y constante, pueden modificar patrones de movimiento que mejorarán el desarrollo integral de los niños con discapacidad.

Algunas veces, estos programas deben aplicarse también en casa para lograr resultados más eficaces, por lo que en estos tratamientos, la familia deberá involucrarse de manera activa en el tratamiento del niño.

Se ha observado que la motricidad es la base para que los niños adquieran nuevos aprendizajes y organicen la percepción visual, la coordinación visomotriz, así como las reacciones de equilibrio del cuerpo; de ahí que estas funciones se podrán desempeñar mejor en la medida en que se adquiera o se recupere el movimiento.

Es importante que los niños con cualquier tipo de discapacidad acudan a una valoración fisioterapéutica, para que logren adquirir los patrones de movimiento que les ayudarán a desarrollarse mejor, integrar adecuadamente sus funciones corporales y obtener una mayor independencia.

Dado que existen distintos tipos de fisioterapia, hay que valorar cuál es el que más conviene en cada caso, así como la accesibilidad al centro terapéutico y el costo de las sesiones, con el propósito de asegurar, dentro de lo posible, la constancia y efectividad del tratamiento.

Además de las técnicas clásicas de fisioterapia, se cuenta con algunas prácticas introducidas recientemente para la atención de los niños con discapacidad que se están aplicando con buenos resultados. Entre estas podemos encontrar las siguientes alternativas.

Terapia Bobath

Esta terapia que se aplica en los niños desde pequeños, se basa en el conocimiento del funcionamiento normal del cuerpo, por medio de técnicas dinámicas que se utilizan para recuperar la movilidad, como son las actividades lúdicas y las repeticiones de patrones de movimiento.

Se ha observado que a través de la repetición frecuente de estos estímulos, es posible que los niños mejoren su postura, su respiración, su coordinación y otros aspectos necesarios para alcanzar un desarrollo integral del cuerpo.

Esta técnica de rehabilitación diseñada por los médicos Karel y Berta Bobath, se basa en la capacidad que el cerebro tiene para reorganizarse, lo que significa que las partes sanas de este órgano aprenden y adquieren las funciones que antes fueron realizadas por las regiones que se encuentran dañadas.

Por medio de este tratamiento, se logra el equilibrio de las funciones y el movimiento del cuerpo en los niños con discapacidad, se inhiben los patrones anormales que resultan de las lesiones y mejora de manera general el desarrollo neurológico.

Terapia craneosacral

La terapia craneosacral es una técnica que surge a partir de la osteopatía, la cual se utiliza en niños con discapacidad para equilibrar el ritmo del líquido cefalorraquídeo que fluye en el cuerpo, con efectos benéficos para el funcionamiento de todo el organismo.

La terapia consiste en liberar los desequilibrios ocasionados por traumatismos, enfermedades y cirugías, que se localizan en diversas partes del cuerpo y el cerebro, a través de la aplicación de técnicas manuales suaves y profundas que modifican las funciones de los órganos y las extremidades, mejorando la salud en general, así como el desarrollo físico y emocional del paciente.

Terapia Vojta

La terapia Vojta o fisioterapia especializada para niños, es una técnica desarrollada por el médico checoslovaco Vaclav Vojta, la cual se aplica en pequeños con parálisis cerebral y problemas de motricidad ocasionada por diversas causas, así como en niños prematuros.

El tratamiento consiste en aplicar estímulos de presión manual en zonas específicas del cuerpo, con el propósito de obtener respuestas musculares directas en las extremidades que promuevan el establecimiento de nuevas vías de comunicación a nivel cerebral.

Se ha observado que la aplicación frecuente de este tratamiento en los niños con discapacidad favorece la postura, la respiración, la coordinación y otros aspectos que se requieren para lograr un desarrollo integral del couerpo.

Consultando al terapeuta con animales

En los últimos años, se han aplicado varios tratamientos y terapias que benefician el desarrollo neurológico, social y emocional de los niños a través de la relación y el contacto con los animales.

La técnica de la zooterapia se dirige a mejorar el aprendizaje y la adaptación al entorno de los niños con diversos tipos de discapacidad, con el apoyo de animales. La convivencia en casa con mascotas como perros, gatos, conejos y hamsters puede resultar estimulante y favorecer el desarrollo del niño.

Antes de adquirir una mascota, se recomienda preguntar a veterinarios interesados en esta terapia qué tipo de animales conviene tener en casa, qué adaptaciones hay que realizar en el hogar, cuánto cuesta su mantenimiento y dónde se les puede entrenar de manera especial para estimular y cuidar a pequeños con discapacidad. Algunas razas de perros como el bóxer y el labrador se adaptan muy bien a ellos, ya que son dóciles, los cuidan y no ponen en riesgo su seguridad.

En los últimos años, las terapias con animales han adquirido importancia al comprobarse que favorecen la vinculación afectiva y social de los niños con discapacidad, y los ayudan a madurar y aumentar sus responsabilidades.

A continuación se mencionarán algunas terapias empleadas para mejorar el desarrollo de los niños con discapacidad:

Delfinoterapia

La delfinoterapia es una técnica terapéutica que, mediante la convivencia con delfines, mejora de manera especial la condición de los niños que viven con diversos tipos de discapacidad que afectan al sistema nervioso central como parálisis cerebral, síndrome de Down, autismo, déficit de atención, problemas de lenguaje y de conducta.

Se ha observado que los niños que acuden a recibir este tratamiento mejoran el tono muscular, la coordinación motriz, el sistema inmunológico, el contacto social, la conducta, el lenguaje, la seguridad emocional y el autocontrol.

Equinoterapia

La equinoterapia es una técnica terapéutica que, a través de la convivencia con caballos, mejora de manera especial la condición de los niños que viven con discapacidad debida a diversas causas, como parálisis cerebral, esclerosis múltiple, síndrome de Down, ciertos problemas de columna, autismo, déficit de atención, problemas de lenguaje y de conducta.

Esta práctica aumenta la motivación en los niños, favorece la concentración, mejora la sensibilidad táctil, visual, auditiva y olfativa, disminuye la agresividad e incrementa la capacidad de autonomía y comunicación.

¿Dónde se lleva a cabo la terapia con animales?

La terapia con animales se lleva a cabo en centros especializados donde se cuenta con el apoyo de un monitor que acompaña al pequeño durante la sesión. Las actividades tienen una duración variable, son divertidas y aportan beneficios para el desarrollo de los niños con discapacidad.

Se sugiere consultar con un médico si es conveniente que el niño acuda a estos tratamientos, ya que podría haber contraindicaciones que afectarían la salud del pequeño. Asimismo, es recomendable involucrarse en estas actividades para fortalecer la convivencia y conocer la seguridad que brindan estos centros.

CONSULTANDO AL TERAPEUTA DE APRENDIZAJE

La terapia de aprendizaje es una alternativa para desarrollar las habilidades cognitivas, de atención, concentración y memoria del niño, con el fin de ayudarlo a mejorar sus capacidades y habilidades en la escuela. Para esto, se utilizan diversos programas, se adaptan métodos pedagógicos y se utiliza material didáctico que se aplica de acuerdo con las necesidades particulares de cada niño ocasionadas por la discapacidad.

Se recomienda que acudan a una terapia de aprendizaje aquellos que presenten problemas de rendimiento escolar en las áreas de lectura, escritura y cálculo, así como de atención, concentración y memoria.

Los niños con discapacidad frecuentemente manifiestan alteraciones neurológicas y/o dificultades físicas, por lo que requieren apoyo especial para lograr un mayor aprendizaje.

Los terapeutas de aprendizaje aplican diversas técnicas para enseñarles:

A los niños con discapacidad motriz, les enseñan a usar aparatos y materiales diseñados para facilitar su movimiento y postura en las actividades escolares.

Con los niños con discapacidad intelectual, utilizan métodos especiales que favorecen su atención y les permiten leer, escribir y contar según sus posibilidades.

A los niños con discapacidad visual y auditiva les enseñan a utilizar el sistema Braille, la lengua de señas y otras herramientas que facilitarán su educación.

Para lograr resultados efectivos, estos especialistas deberán trabajar en conjunto con fisioterapeutas y terapeutas de lenguaje, así como con los maestros y los padres.

Durante las sesiones, estos terapeutas ofrecen al niño estímulos y material didáctico variado, realizan ejercicios de coordinación, enseñan posturas adecuadas que faciliten la concentración, establecen límites claros y lo motivan para que continúe con su desempeño.

Se recomienda que este tipo de tratamiento sea constante, esto es, que el niño acuda a terapia por lo menos una vez a la semana. Asimismo, que se planteen los objetivos específicos a corto y a largo plazos, para poder identificar los avances y motivarlo a que continúe su proceso de aprendizaje tomando en cuenta su condición.

Es importante que la familia de los niños con discapacidad participe en este tratamiento, consiga material didáctico adecuado –libros, apoyos audiovisuales, juegos, música, muñecos, regletas, plastilina y colores– y conozca el trabajo particular que se realiza en la terapia de aprendizaje para reforzar este trabajo en el hogar.

Consultando al terapeuta de lenguaje

La terapia de lenguaje es una práctica que se utiliza para mejorar el desarrollo del habla y el lenguaje en los niños que experimentan dificultades para comunicarse por diversos motivos.

La adquisición del lenguaje es un proceso muy complejo que involucra el pensamiento y un conjunto de órganos específicos, como los labios y la lengua, que intervienen

en la producción y la comprensión verbales.

Cabe destacar que existe una gran diferencia entre los términos lenguaje y habla: el primero se refiere al proceso de comprensión y emisión del discurso que se quiere transmitir, en tanto que el segundo involucra al mecanismo fonoarticular mediante el cual se emiten los sonidos.

Los terapeutas de lenguaje son los especialistas encargados de prevenir, detectar e intervenir en los problemas que aparecen tanto en el lenguaje oral y escrito, como en la comunicación verbal y no verbal de los niños.

Los pequeños con discapacidad que presentan problemas de audición, retraso intelectual, dificultades en el desarrollo, tono muscular alto o bajo, lesión cerebral, autismo, problemas motrices, problemas respiratorios y de alimentación, así como alteraciones congénitas entre las que se encuentran el labio leporino y el síndrome de Down, requieren acudir a una terapia de lenguaje para mejorar su comprensión y expresión.

Es necesario observar el desarrollo del lenguaje en el niño y llevarlo a una valoración terapéutica, cuando no comprenda el significado de varias palabras; sus respuestas no sean adecuadas; utilice un vocabulario limitado; no se entienda con claridad lo que dice; emita pausas anormales en su discurso; no pueda hablar de manera fluida; manifieste alteraciones en el tono, volumen

o calidad de la voz; no logre ordenar sus ideas y presente problemas para comer.

La terapia de lenguaje utiliza diversas estrategias y alternativas para abordar la amplia gama de dificultades que enfrentan los niños con problemas de expresión. Para esto, conviene que las sesiones se lleven a cabo de manera constante y que se trabaje en conjunto con los padres y maestros para estimular el lenguaje del niño en la vida cotidiana y obtener así mejores resultados.

Algunas de las técnicas utilizadas en esta terapia para atender de manera integral los problemas de lenguaje y habla son las siguientes:

- Intervención del lenguaje. Consiste en la interacción del terapeuta con el niño por medio de cantos, juegos y expresión verbal, así como del uso de material con imágenes, libros y objetos que dan la pauta para ejercitar la pronunciación correcta de las palabras y repetir ejercicios específicos para favorecer el habla.

- Articulación. Promueve la pronunciación correcta de los sonidos y sílabas por parte del terapeuta, quien muestra con detalle al pequeño la manera de emitir los sonidos y la posición que debe tener la lengua, los labios y la zona oral.

- Técnica oral y motora de la alimentación. Consiste en realizar una variedad de ejercicios especializados en la boca, masaje facial, comida con diversas texturas y temperaturas, así como otros instrumentos diseñados

para ejercitar la lengua, los labios y la mandíbula, con el fin de fortalecer los músculos de la boca y de la cara.

Resulta fundamental que los niños con discapacidad acudan a una terapia de lenguaje durante la primera infancia, de preferencia antes de los tres años de edad, para que aprendan a comunicarse. Esto es necesario porque el lenguaje es un proceso muy complejo que se adquiere paulatinamente durante la niñez.

Se sugiere que la familia de los niños con discapacidad se involucre activamente para ayudarlo a expresarse mejor y a mejorar su comprensión, al realizar con constancia en casa las actividades de estimulación que el terapeuta indique. También se recomienda aprovechar las situaciones de la vida cotidiana para promover el lenguaje del niño, mostrar disposición para entender lo que quiere decir y tener paciencia durante el proceso, ya que con frecuencia no se observan resultados inmediatos.

Además de las terapias de lenguaje convencionales explicadas, existen diversas alternativas para estimular el lenguaje en los niños, entre ellas el método Tomatis y la terapia miofuncional, descritos a continuación.

Método Tomatis

El método Tomatis es un programa de estimulación auditiva personalizado, que utiliza actividades audiovocales para promover la capacidad auditiva y de escucha en las personas.

Se puede utilizar en niños con discapacidad que tienen problemas del habla, de lenguaje, dificultades de aprendizaje, problemas de atención

y concentración, así como de conducta e inestabilidad emocional.

El método fue creado por el médico francés Alfred Tomatis, quien era otorrinolaringólogo y estudió con detalle la relación que existe entre el oído, la voz y las emociones.

En una primera fase, antes de aplicar el método, se lleva a cabo una valoración general del niño para conocer los diversos aspectos de su desarrollo y una audiometría para identificar con precisión la manera en que escucha.

El programa se lleva a cabo en centros especializados, durante periodos intensivos y de duración variable; consiste en escuchar música, lenguaje y otros sonidos seleccionados de manera especial para cada niño, a través de audífonos especiales con vibradores que estimulan y favorecen su desarrollo auditivo y neurológico, dando como resultado avances muy especiales.

Terapia miofuncional

La terapia miofuncional se utiliza para mejorar el funcionamiento del habla en el niño al corregir las dificultades físicas que obstaculizan su expresión. A través de ejercicios, que estimulan los músculos de la zona de la boca y la cara, se construyen nuevos patrones neuromotores y de comportamiento que mejoran la estética.

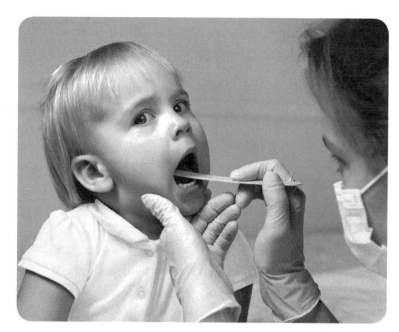

El tratamiento consiste en realizar una serie de ejercicios para estabilizar el funcionamiento de la mandíbula, la lengua, los labios y otras estructuras de la boca, para así lograr un funcionamiento adecuado que permita la emisión correcta de los sonidos y la adquisición de patrones de alimentación y respiración.

Se utilizan instrumentos especialmente diseñados para realizar esta terapia y otros materiales accesibles como: abatelenguas, chicles, caramelos, obleas, cereales, comida con diferentes texturas y temperaturas, cotonetes, botones, cepillo eléctrico, globos, hilos, silbatos, popotes y burbujas de jabón, entre otros.

Se requiere que la familia de los niños con discapacidad participe activamente en este tratamiento, consiga el material que se requiere y realice los ejercicios indicados en las actividades cotidianas, como comer, jugar y platicar, para lograr mejores resultados al ejercitar constantemente los músculos de la boca.

Esta terapia tiene el beneficio de que puede ser muy atractiva para los pequeños con discapacidad, por lo que promoverá de manera agradable y espontánea el desarrollo del lenguaje.

Es un sistema de comunicación alternativo que promueve el lenguaje de los niños que presentan problemas de lenguaje y aprendizaje, así como discapacidad intelectual, síndrome de Down o autismo.

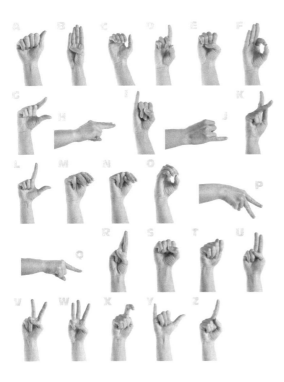

Este método, creado en Inglaterra por Margaret Walker en la década de 1960 para tratar a adultos sordos con problemas cognitivos, comenzó a utilizarse poco después con niños con alteraciones de lenguaje y/o intelectuales, y rindió resultados positivos.

A través del uso de señas y dibujos, se encuentran las alternativas que permiten a los niños con esta condición expresar mensajes hablados o escritos.

Se ha observado que al mejorar la comunicación, los pequeños con discapacidad se relacionan mejor con su familia y su entorno, lo que favorece la socialización, disminuye la frustración y propicia un desarrollo más adecuado.

En algunos lugares se introduce el sistema Makaton como una lengua adicional de los niños, generando así una mayor inclusión en estos casos para todas las personas.

CONSULTANDO AL TERAPEUTA OCUPACIONAL

La terapia ocupacional es una alternativa que permite a los niños y jóvenes con diversos tipos

de discapacidad, adquirir los conocimientos, destrezas y actitudes
necesarios para la vida cotidiana, favorecer la independencia y
la integración social.

Los terapeutas ocupacio-
nales enseñan a quienes
viven con esta condición,
a realizar actividades ha-
bituales del hogar como
lavar, limpiar, acomodar y
hacer las compras de manera crea-
tiva para mejorar sus habilidades, su coordinación y su calidad
de vida.

Además, imparten talleres de diversos oficios como coci-
na, pintura, carpintería, jardinería, costura y manualidades,
entre otros, para mejorar el autocuidado, la independencia y
la adaptación al medio de estas personas.

Los niños con discapacidad requieren aprender a realizar
estas actividades adecuadamente desde pequeños para contar

con herramientas útiles en la vida que les permitan desarrollarse mejor y ser productivos.

Los pequeños con lesión cerebral, parálisis cerebral infantil, retraso psicomotor, problemas de aprendizaje, lesiones de la médula espinal, así como discapacidad visual y auditiva, deben recibir terapia ocupacional para favorecer su rehabilitación integral.

Se recomienda que las personas cercanas a quienes viven con una discapacidad se involucren y apoyen en la realización de estas actividades, que serán una oportunidad de convivencia social y de motivación al dar a conocer sus creaciones y productos a los demás.

Este tipo de terapia puede brindar a los jóvenes con discapacidad la oportunidad de percibir un ingreso e insertarse en la vida laboral de acuerdo con sus condiciones físicas, familiares y socioeconómicas.

Consultando al terapeuta visual

La terapia visual se utiliza para desarrollar, mejorar e intensificar las capacidades visuales de las personas, por medio de ejercicios repetitivos y constantes que estimulan el área ocular.

Los terapeutas visuales enseñan a los niños a integrar la vista con los demás sentidos de una manera eficiente al establecer nuevas conexiones a nivel neurológico. Asimismo, en algunos casos, se requiere usar lentes y aparatos especiales diseñados para mejorar la visión.

Los niños con algunos tipos de discapacidad pueden manifestar dificultades para

ver y problemas de aprendizaje relacionados con una visión
inadecuada. En ocasiones, los lentes no son suficientes para impedir
el desarrollo de estos problemas y la
terapia visual es una opción que puede
beneficiar en varios aspectos del desarrollo.

Los pequeños que presentan discapacidad visual, estrabismo, miopía, lesiones cerebrales, esclerosis múltiple y algunos
síndromes, deben acudir a una valoración con un
oftalmólogo especializado, quien podrá recomendar este tipo de terapia.

Esta terapia, además de corregir la visión del
niño, mejora la atención y concentración, el proceso de aprendizaje, la lectoescritura, la práctica de
diversos deportes que requieren agudeza visual y el
desarrollo integral.

La familia y los maestros de los niños con discapacidad que acuden a terapia visual deberán
conocer este tipo de tratamiento, así como los
ejercicios específicos que se realizan para poder
practicarlos como el terapeuta lo indique, así
como cuidar los hábitos de postura del niño, la
ubicación del mobiliario y la iluminación adecuada.

Directorio de hospitales y centros especializados en la atención de niños con discapacidad

Capítulo 8

Ama Oír Asociación Mexicana para la Audición Ayúdanos a Oír, A.C.
Dr. Gonzalo Corbera
Tels. 5559-9499 y 5559-9929

APAC - Asociación Pro Personas con Parálisis Cerebral
Tel. 976-742791

Aparatos Auditivos
Iliana Ruiz Rojo
Tel. 5615-0023

Asociación Adelante Niño Down
Tel. 5586-7273

Asociación de Familiares y Amigos de Pacientes
Esquizofrénicos AFAPE, A. C.
Tels. 5688-5800 y 5688-5774

Asociación de Padres con Niños West
Dra. Graciela Olmos García de Alba, neurofisióloga
Tel. 5564-2291
Ricardo Álvarez Villa, presidente
Tel. 5740-5215

Asociación Mexicana de Amigos Saludables con Discapacidad Motora
Tel. 5682-6132

Asociación Mexicana de Paladar Hendido y Anomalías Craneofaciales, Clínica Alba
Monterrey, Nuevo León
Tel. 333-6853

Asociación Mexicana de Parkinson
Guadalupe Torres
Tel. 5656-4487
Edith Zamora
Tel. 5539-7441

Atención a niños con síndrome de Down
Dr. José Luis Salazar Bailón
Tel. 5277-4142

Atención psicológica para personas con discapacidad
Discapacitarte
Tel. 04455-2690-1161
discapacitarte@prodigy.net.mx

Avanza Terapias y Educación Especial
Tel. 5544-9287
informes@avanzamx.com

Bioquímica
Cecilia Fernández Aguirre
Tels. 5534-8021 y 5534-6493

Centro Belén Terapia Especializada
Psicóloga Konny Pérez
Tel. 5595-3743

Centro de Desarrollo Integral A-MA, A.C.
Tel. 5544-7173

Centro de Educación Especial y Rehabilitación, A.C.
Luis Morales Ramírez
Tels. 5740-7950 y 5948-5917

Centro de Rehabilitación Gaby Brimmer e Integración Educativa (Preescolar, Primaria y Secundaria)
Tel. 3003-2200 Ext. 1650

Centro de Salud para Personas con Discapacidad
Dr. Marcos Flores Ugalde
Tel. 5342-1236

CLIMA - **Clínica Mexicana de Autismo y Alteraciones del Desarrollo, A.C.**
Lic. María del Carmen Marroquín Segura, directora
Tels. 5611-8541 y 5615-0615

Clínica de Rehabilitación
Alejandra González
Tel. 5515-1187

Clínica de Rehabilitación Física Reamex
Dr. Marcos Zizzari
Tel. 5344-1569

Clínica Holística
Sra. Karla Patricia Hernández
Tel. 2227-2966

Comunidad Down
Tel. 5635-2462

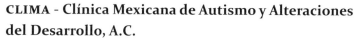

Dentistas para Niños con Discapacidad
Dr. Benjamín Franco
Tel. 5661-6883
Dra. Alma Ávila
Tel. 1085-9154

Dr. Miguel Angel Jiménez Bello
Tels. 5554-0084 y 5661-9699

Dermatóloga
Dra. Lourdes Ortiz
Tel. 5575-2446

DIF DF
Tel. 01-800-3432-322

Entrenamiento Físico para Personas con Miembros Amputados
Tel. 5550-9909

Fundación Caleidoscopio
Tels. 04455 4194-7056 y 04455 5068-0200

Fundación Hipócrates, A.C.
Tels. 5689-2866 y 5336-1637

Fundación John Langdon Down
Tels. 5666-8580 y 5666-7915

Fundación Míranos Aquí Estamos, A. C.
Vanesa Verlanga
Tel. 5589-8157

Fundación P.E.T.O.
Tel. 4632-8703

I.M.S.S. Rehabilitación
Tel. 5747-3500

Hospital ABC
Tel. 5230-8000

Hospital Ángeles
Tel: 5449-5500

Hospital General de México
Tel. 5578-4346

Hospital Infantil de México Federico Gómez
Tel. 5228-9917 Exts. 1077, 1078 y 1320

Hospital Star Médica Infantil Privado
Tel. 5340-1000

Instituto de Nutrición Salvador Zubirán
Gabriela Sánchez
Tel. 5554-0125

Instituto Nacional de Rehabilitación
Tel. 5999-1000

Médica Sur
Tel. 5424-7200

Ojos que Sienten, A.C.
Tel. 5533-1850

OMPI México Discapacidad Visual
Camerina Robles
Tels. 5519-4512 y 5538-3010

Seguros para personas con discapacidad
Dip. Esperanza Morelos
Tel. 5628-1300 Exts. 57016, 57017
Gabriel Monterrubio (Paralife Cía. de Seguros)
Tel. 5377-2460

Sociedad Mexicana de Autismo, A.C.
Tels. 5531-2251 y 5280-8558

TERAPIAS

Apoyo a Padres de Familia con Hijos de Labio Paladar Hendido
Samantha Ávila y Arturo Brugger
Tel. 04455-5470-9175

Centro de Apoyo Tecnológico para la Comunicación y el Aprendizaje (CATIC)
Terapia de Lenguaje y Terapia Miofuncional
Tel. 4437-4645

Constelaciones Familiares y Discapacidad
Silvia Brambila
Tel. 1941-6988
Laura Olmedo
Tel. 5568-8772

Delfinoterapia
Psic. Angélica Martínez
Tel. 5516-7570

Equinoterapia
Alberto Ziehl
Tels. 5615-2647 y 5615-3117

Lectura para las Personas con Discapacidad Intelectual
Alicia Jiménez
Tel. 5859-1339

Loló. Terapeuta en autismo
Tels. 5659-2918 y 04455 3486-5313

Método Tomatis
Paulina Hernández
Tel. 04455-1812-0350

Terapia de Aprendizaje
Liliana Rivas
Tel. 5331-3585

Terapia de Juego para Niños con Discapacidad
Dra. Patricia Rodríguez
Tel. 5294-1005

Terapia de Lenguaje
Diana Franco
Tel. 5635-2462

Terapia Física
Eduardo Olvera
Tel. 9116-7270

Terapia Ocupacional
Marilú González
Tel. 9172-4620 Ext. 138

Unidos Somos Iguales
Mayté Cárdenas
Tels. 0181-8048-9800 y 04581-599-4870

A manera de conclusión...

Después de realizar este recorrido para conocer los diversos tratamientos médicos y terapéuticos que requiere un niño con discapacidad, es probable que los padres se encuentren confundidos y con una responsabilidad abrumadora al tener que resolver tantas situaciones y dificultades a la vez.

De ahí la conveniencia de buscar alternativas para tranquilizarse y encontrar un médico, psicólogo o en ocasiones otros padres de familia, que conozcan la condición del niño y ayuden a esos papás que se inician en el mundo de la discapacidad, a establecer prioridades en la atención de su hijo.

Se ha observado que la atención psicológica en estos primeros momentos, es fundamental para empezar a comprender lo que sucede, aceptar poco a poco la discapacidad como una condición de vida y adaptarse a esta situación.

El pediatra sensibilizado en este tema podrá ofrecer una guía para acudir con los especialistas médicos indicados para cada caso; estos, a su vez, definirán los tipos de estudios que cada niño requiera para mantener su salud o realizar procedimien-

tos que podrían ser urgentes aunque no haya anomalías aparentes.

Simultáneamente se buscará un psicólogo, terapeuta físico o especialista en la condición particular del niño, para identificar las terapias o actividades que permitan iniciar el proceso de rehabilitación lo más pronto posible y favorezcan su desarrollo.

Asimismo, hay que buscar continuamente espacios, juegos, actividades e interacción social que fomenten el desarrollo normal y la independencia de ese pequeño de acuerdo con su edad.

En resumen, el reto para los padres es estar siempre pendientes, al mismo tiempo, de la atención médica, la rehabilitación y el desarrollo personal del niño.

Para ello requerirán información, creatividad e interacción con personas que apoyen para que el niño reciba estos tratamientos. Será labor de cada familia identificar las prioridades y organizar su tiempo, recursos y posibilidades.

Como es natural, cada niño tendrá su propio plan a seguir y no necesitará acudir con todos los especialistas, ni llevar todos los tratamientos a la vez durante toda la vida. Al crecer, sus necesidades irán cambiando y habrá que hacer ajustes a los programas iniciales para optar por alternativas más adecuadas que a la vez que promuevan su rehabilitación, propicien su inclusión social.

Espero sinceramente que este libro se convierta en una guía de consulta constante para identificar las necesidades de atención de cada pequeño.

Esta obra se terminó de imprimir
en noviembre de 2015, en los Talleres de

IREMA, S.A. de C.V.
Oculistas No. 43, Col. Sifón
09400, Iztapalapa, D.F.